완덕에의 길

완덕에의 길
Johannes Tauler's Sermons

개정판 발행	2014년 9월 27일
지은이	요하네스 타울러
옮긴이	엄성옥
발행처	은성출판사
등록	1974년 12월 9일 제9-66호 ⓒ 2014년 은성출판사
주소	서울시 강동구 성내동 538-9
전화	070) 8274-4404
팩스	02) 477-4405
홈페이지	http://www.eunsungpub.co.kr
전자우편	esp4404@hotmail.com

이 책의 판권은 "은성출판사"가 소유합니다.
저작권법에 의하여 보호를 받는 제작물이므로 무단 전재와 복제를 금합니다.

Johannes Tauler's Sermons. Copyright © 2014 translated by Sungok Eum.

All rights reserved

Copyright © 2014 by Eunsung Publications

Printed in Korea
ISBN : 978-89-7236-415-3 33230

Johannes Tauler

Sermons

완덕에의 길

요하네스 타울러 지음
엄성옥 옮김

차례

머리말 / 9

서문 / 11

개설 / 19

설교 1. 성탄의 세 가지 의미 / 33

설교 2. 영혼의 세 가지 원수 / 47

설교 3. 일어나 빛을 발하라 / 57

설교 4. 근원으로 돌아가라 / 65

설교 5. 하나님을 향한 사랑의 갈망 / 75

설교 6. 썩은 물웅덩이 / 89

설교 7. 사로잡혔던 자들을 사로잡고 / 103

설교 8. 환난 중에 즐거워하라 / 113

설교 9. 이탈, 자기부인 / 121

설교 10. 근신하여 기도하라 / 133

설교 11. 성령 충만 / 145

설교 12. 나는 양의 문이라 / 159

설교 13 성령 강림 / 169

설교 14. 참된 양식과 참된 음료 / 181

설교 15. 겸손, 사랑, 근신 / 195

설교 16. 잃어버린 드라크마 / 209

설교 17. 네 종류의 그릇 / 221

설교 18. 기도 / 233

설교 19. 은혜의 빛과 영광의 빛 / 251

설교 20. 하나님의 부르심 / 267

설교 21. 십자가를 찬양하라 / 277

설교 22. 너희 사랑을 풍성하게 하라 / 289

머리말

　독일어는 매우 심오한 언어이며, 요하네스 타울러Johannes Tauler의 설교집은 독일어로 출판된 기념비적인 저술들 중 하나이다. 크리스티나 에브너Christina Ebner는 "그의 불을 뿜는 듯한 언어가 전 세계를 밝혀 주었다"라고 말했다. 타울러는 에크하르트Meister Eckhart의 영향을 받았지만 에크하르트와는 달리 심오한 사상을 매우 평이한 문장으로 표현하였다. 그의 설교들은 장엄한 C장조의 음악에 비유할 수 있다. 그의 설교들은 문장이 길지만 역설적이고, 감정적이면서도 절제가 있고, 다채로운 사상적 寫像的 표현이 등장하여 우리로 하여금 그에게 동의하지 않을 수 없게 만든다. 그 시대의 다른 산문들이 그렇듯이 그의 설교에도 날짜가 기록되지 않았다. 그의 문체의 소박함과 장중함은 육백

년이 지나도록 사라지지 않는 신선함과 탄력성을 부여해 주었다.

  이 열렬한 신비주의자를 역사적으로만 판단할 경우 그를 망각하거나 그의 참 모습과 사상을 간과할 수 있다. 우리가 중세의 표면을 꿰뚫고서 그로 하여금 그 나름대로의 사상을 갖게 만든 자극들을 우리 자신 안에 재생시킬 때에 우리는 타울러의 세계 속에 들어갈 수 있다. 그는 우리에게 간접적으로 이해하지 말고 진정으로, 그리고 실제로 이해하기를 요구한다. 우리는 책으로 배운 지식—그의 설교 중에는 책으로 배운 지식을 달갑게 여기지 않는 구절들이 많다—을 영혼의 깊은 곳에서 새롭게 시험해 보아야 하는데, 이 영혼의 깊은 중심에서 자기부인이라는 혹독한 과정을 통과한 후에 우리의 텅 빈 곳이 새 생명으로 가득 차게 된다.

서문

독일 신비주의의 세 명의 거장巨匠—마이스터 에크하르트, 하인리히 수소, 요하네스 타울러— 중에서 타울러는 독일어를 사용하는 국가들뿐만 아니라 다른 유럽 국가들에도 큰 영향을 끼쳐온 인물이다. 그가 유럽 전체에 끼친 영향은 말로 형언할 수 없을 정도이다. 타울러의 설교들은 원래 라인 강 유역과 저지대 Low Countries에서 필사본으로 유통되었으나 후에 인쇄되어 어디서나 구할 수 있게 되었다. 타울러의 설교들은 17, 18세기의 영적 부흥이나 신비주의 신학 논쟁에서 중심을 차지했다. 그의 설교집은 1498년에 라이프치히에서 처음으로 출판되었고 1505년에 아우크스부르크에서 재판되었는데, 마르틴 루터도 이것을 구입하여 읽었다. 이 설교집의 출판으로 타울러는 독일 종교계의 영성사靈性史에 특유한 영향력을 발휘하게 되었다.

1548년에 카르투지오회의 수리우스Laurentius Surius가 타울러의 저서를 라틴어로 번역함으로써 Pietas Tuauleriana는 국제적인 지위를 확보하게 되었다. 수리우스는 루터가 타울러를 편애하였다는 사실을 밝힌 후에 자신의 번역서를 전 세계에 공개하였는데, 그의 이러한 시도는 성공적이었다고 할 수 있다. 이 라틴어 번역본으로 말미암아 타울러는 유럽 전역에서 보편적인 지위를 확보하게 되었다. 그의 설교집은 독일과 저지대는 물론이요 다른 나라 언어로 다시 번역되었다. 수리우스가 묘사한 것처럼 Theologia Mystica seu Affectiva의 형태를 취한 타울러의 저서들은 이탈리아, 스페인, 프랑스 등지에서 크게 환영을 받았다. 그 결과 타울러—또는 타울러의 저서로 인정된 것(이는 수리우스가 자신의 역서에 많은 양의 사이비 타울러 사상을 첨가했기 때문이다)—는 정적주의 논쟁에 휩쓸렸다. 1518년에 예수회가 타울러의 저서를 읽지 못하게 했고, 1590년에는 벨기에의 프란치스코회도 그의 저서를 읽지 못하게 했다. 교황 식스투스 6세는 스페인에서 그의 저서를 정죄하고 금서목록에 수록했다.

이 시점에서 오늘날 타울러의 저서가 발휘하고 있는 매력이 무엇인지 질문해 볼 수 있다. 수리우스는 자신이 출판한 번역본의 머리말에서 기본적인 요소를 언급하였다. 그는 단순하게 다음과 같이 말했다: "타울러의 매력은 (그는 분명히 온전함의 정상에 이른 기독교인으로서) 하나님과 이웃을 향한 사랑 안에서 모든 사람들을 격려하는 데 조금도 지치지 않았다는 데 있다. 그는 사람들에게 악을 근절하고, 내면의 중심에 주의를 기울이고, 덕을 사모하고, 무절제한 욕망과 자기 고집을 부인하라고 권면했다. 또 비록 많은 장애물과 고통이 따르겠지만 그리스도의 십자가를 지고 겸손하고 신실하게 따름으로써 그리스도를 본받으면 마침내 영혼이 그리스도와 연합하여 그와 한 영이 된다고 했다. 이것은 결국 우리가 마음과 혼과 정신을 다해 하나님을 사랑하고 이웃을 내 몸같이 사랑해야 한다는 것이다."

실제로 타울러의 교리는 중간적인 것이지만 결코 평범하지 않다. 그의 교리가 의미하는 것은 중간 차원에 위치한다. 이 차원의 상한선은 하나님과의 고귀한 연합이요 하한선은 하나님의 박탈이라고 할 수 있다. 따라서 타울러는 에크하르트처럼 영원eternity이라는 유리한 위치에서 이야기하는 것이 아니라 시간과 영원이라는 두 극단 사이에서 자신의 주장을 편다. 이러한 상태에서 겪는 경험은 고통스러운 것이다. "그러므로 이 불쌍한 인간은 마치 두 개의 벽 사이에 갇힌 것처럼, 즉 어느 곳에도 자기를 위한 방은 없는 것처럼 느낀다." 이처럼 그는 하늘과 땅 사이에 매달려 있기 때문에 고귀함과 치욕, 지식과 무지, 안전과 불안 등을 경험하며, 또 영적으로는 평화를 느끼지만 육적으로는 그렇지 못하며, 현상계現象界와 비현상계非現象界를 경험한다. 이 중간 차원은 심각한 고통을 야기하지만, 동시에 그것을 돌파할 수 있는 가능성도 내포하고 있다. 믿음, 소망, 사랑, 그리고 특히 세속으로부터의 이탈은 이 두 한계점 사이에서의 발전을 가져온다. 구체적으로 표현한다면 "인간은 확신을 갖고 인내함으로써 사랑하는 주 예수 그리스도의 발자취를 따라 좁은 길을 가도록 힘써야 한다"라는 의미이다.

타울러와 에크하르트 사이에는 이처럼 현저한 차이가 있다. 타울러는 그리스도의 인성을 무시하지 않고 강조하면서 그리스도를 본받는다. 그럼으로써 그리스도의 고난과 고통은 우리가 따라야 할 유일한 모본模本이 된다. 타울러가 부정apophasis이라는 용어를 사용하지 않는 것은 아니다. 그러나 그것은 엑스터시를 피하지 않으며 단지 하나님을 향한 상승운동을 나타내게 하는 바, 역설적으로 여기에 자기박탈의 구체적인 의지인 겸손과 자기인식을 특징으로 하는 하강운동이 상응하게 된다. 그것은 하강下降의 신비주의인 동시에 상승上昇의 신비주의이기도 하다. 그것은 지식 속에 무지無知가 스며들어 있는 것이다. 사도 바울처럼 "그와 같은 형상으로 변화하여 영광에 이르기를"(고후 3:18) 원하는 사람은 "밤의 수고"를 해야 한다. 빛과 어둠이 서로를 조절할 수 있는 방법으로 결합되어 있다. 여기에서 다루고 있는 것은 헛된 변증법이 아니라 예수 그리스도의 고난과 고통이라는 구체적인 경험에 근거를 둔 역설이다. 타울러는 결코 성육하신 그리스도에게서 영적인 그리스도에게로 건너뛰지 않는다. 그는 분명하게 "누구도 우리 주 예수 그리스도께서 보여주신 본보기를 지나쳐 넘어갈 수 없다"라고 말했다.

이런 까닭에 "낮은 곳으로 내려갈수록 그만큼 더 높이 오를 수 있다"라는 인식이 성립된다. 타울러는 이렇게 통찰하고 있었기 때문에 하나님의 신성포기神性拋棄와 성육신이라는 개념 안에서 인간의 모든 종교적 양상과 전략을 예상하고 보류할 수 있었다. 타울러의 주요 관심사는 근본적으로 아레오파고 학파의 에크하르트적인 Pati Deum(자기 포기에 의한 하나님 체험)에 있으면서도, 겸손하게 자신을 낮추어 이 세상에 하강하신 그리스도를 본받는다는 구체적인 형태를 띤다. 내면 중심에 관한 그의 모든 사상이 이 점에 초점을 두며, 결국 이 점에 귀착한다. 생명 및 생명의 단계에 관한 타울러의 교리는 겸손하게 자신을 낮추는 데 있으며, 그리스도에 관해서는 찬양으로 이어진다. 이처럼 "인간과 하나님 사이의 무한한 차이"에 대한 경험은 내면의 부조화로부터 발생하는 차이점들과 조화를 이루게 되는데, 그 조화는 한층 더 적절하고 심오한 것이 된다.

타울러의 사상을 정적주의quietism로 간주한 것은 우스꽝스러운 오해이다. 이것은 종교개혁의 결과 기독교계에 충격을 주고 분노하게 만들었던 종교적 혼란에 따른 결과로 이해할 수 있을 것이다. 타울러는 가장 순수한 형태로 기독교 전통을 제시했으며, "영에 대한 인식"을 효과적으로 예시하였다. 이런 까닭에 장차 "인간의 영적 사역 안에서의 신비체험의 일치"라는 맥락에서 기독교의 인식에 관해 그에게 새로 질문을 던져보는 것도 좋을 것이다. 우리는 분명히 그로부터 대답을 얻게 될 것인데, 비록 충분하지 못할 수도 있지만 그 대답은 신자들을 위한 유익한 진리가 될 것이다. 그리스도께서 성육하신 과정의 범위 내에서의 특별한 기독교적 언급 외에도 비기독교적 형태의 신비주의를 어떤 방법, 어느 정도까지 기독교에서 채택할 수 있는지와 관련하여 우리는 타울러의 신플라톤주의적인 면을 기억하게 된다. 또 비기독교적 연합의 관습들이 어떻게 기독교적인 것에 적용될 수 있는지를 설명해줄 출발점도 발견할 수 있을 것이다. 타울러는 이미 수세기 동안 여러 종파에 감화를 주어왔다. 이제 그는 전 세계적으로 신비적 열망의 영역에서의 안내자로 알려져야 한다. 그의 인격 및 그 안에 숨겨져 있는 초월성은 그의 특이한 자질을 이루고 있다.

개설

"중세 독일 신비주의"의 풍성하고 포괄적인 영적 전통에는 특히 세 사람이 포함된다. 그들은 마이스터 에크하르트(Meister Eckhart, 1260-1328년경), 하인리히 수소(Henry Suso, 1295-1366), 요하네스 타울러(John Tauler, 1300-1361년경)로서 모두 활동적인 탁발수도회인 도미니코회의 수도사들이었다. 타울러와 수소는 이단으로 정죄되어 아비뇽에서 죽은 마이스터 에크하르트의 제자들이었다. 이 두 사람은 정죄되지는 않았지만 나름대로 교회의 분파주의, 정치적인 격동, 그리고 심각한 사회적 변화로 말미암은 불안하고 혼란한 시대에 어려움을 겪었다. 이 특수한 상황에서 요하네스 타울러를 다루기 전에 먼저 몇 가지 특기할 점들이 있다. 이 세 명의 신비가들의 경험, 가르침, 그리고 자신의 저서로 이루어놓은 전통들이 각기 특이하다. 타울러의 저서 중 약 80편의 설교집은 서방 영성사에서 가장 지속적이면서도 광범위하게 받아들여져 왔다.

에크하르트는 혁신적인 기본신학과 포괄적인 신비적 개념들의 형성에 의해서 중심적인 위치를 차지한다. 반면에 타울러와 수소는 이단적 색채가 있기 때문에 말소되거나 조직적으로 삭제된 종교적 인식들, 또는 제도적 교회의 의심 때문에 종교적 지하운동으로 전락할 위기에 처해 있었던 일련의 종교적 인식들을 널리 보급하고 확장했다. 수소와 타울러는 단지 스승의 유산을 넘겨받은 데 그친 것이 아니라 스승에게서 물려받은 것을 나름대로 발전시켜 스스로 대가가 되었다. 타울러는 관상적 삶*vita contemplativa*이라는 신비적 개념을 공적이고 활동적인 삶*vita activa und publica*의 영역으로 바꾸어 설명했다. 한편 수소는 에크하르트의 신비주의를 경건 및 경건한 관습으로 바꾸어 표현했다.

수세기 동안 영향을 미쳐온 타울러의 메시지의 능력은 특히 그가 종교개혁 시대에 환대를 받은 것에 의해 증명된다. 루터는 자신이 타울러의 저서라고 생각했던 『독일신학』*Theologia Germanica*을 세 차례나 편집하여 출판하였고, 그를 "독일 교회의 아버지"라고 찬양하였다. 1543년에 최초의 독일 예수회 회원이었으며 『교리문답서』를 저술한 페트루스 카니시우스(Petrus Canisius, 1521-1597)가 타울러의 설교집을 출판하였다. 또 반동종교개혁이 진행되는 동안 카니시우스의 친구인 라우렌티우스 수리우스는 자신이 가장 영향력 있는 중세 독일 신비가라고 확신하는 이 중세 신비가의 설교집을 라틴어로 번역하여 출판하였다. 그러므로 14세기의 타울러는 리처드 롤Richard Roll이나 『무지의 구름』The Cloud of Unknowing이라는 책을 집필한 익명의 저자와 동일한 역할을 했다고 보아야 한다.

이제 타울러의 생애를 간단히 살펴보기로 하자. 그의 생애에 관해서 알려져 있는 사실은 그리 많지 않으며 그의 사후에 만들어진 이야기나 전설이 많다. 그러나 14세기에 있었던 두 가지 분열 사건이 그의 생애와 발달에 직접적이고도 현저한 영향을 주었다. 교황이 아비뇽으로 도피하는 결과를 초래한 교회와 세속 정부 사이의 정치적 갈등으로 인해 타울러는 고향인 스트라스부르를 떠나야 했다. 1348-49년에 있었던 흑사병의 창궐과 1320년대에 있었던 기근으로 말미암아 신흥 시민계층의 사람들이 영성생활에 관심을 기울이게 되었다. 타울러의 메시지를 들은 사람들은 주로 "하나님의 친구들"Friends of God이라는 단체였다.

그의 생애는 그 시대의 일반적 역사의 상황 안에서 고려하는 것이 바람직할 것이다. 이는 단지 그의 생애에 대한 사실적 자료의 결핍에만 근거하는 것은 아니다.

바바라 터치만Barbara W. Tuchman은 자신의 역사 연구서인 『후세의 반영:비참한 14세기』*A Distant Mirror: The Calamitous 14th Century*에서 중세 말기에 있었던 재난들과 우리 시대의 재난들의 유사성을 언급하였다. 복합적인 무질서 상태들은 "사도 요한이 환상에서 본 네 마부들의 말발굽 자국보다 더 심각하다. 그것들은 현재 흑사병, 전쟁, 세금, 강탈, 폭정, 폭동, 교회의 분열 등 일곱 가지로 나타난다."

타울러의 영성과 신비주의를 이해하려면, 우리 시대의 인식들과 그 시대의 인식에 심각한 차이가 있음을 염두에 두어야 한다.

중세 시대의 삶은 수많은 집단, 수도회들, 조합들, 협회 등에 소속되어 집합적으로 생활하는 보조적인 생활이었다. 개인이 홀로 있는 일이 거의 없었다. 심지어 결혼한 부부도 하인들이나 자녀들과 함께 잠을 잤다. 따라서 은자隱者나 은둔자들의 경우를 제외하고는 사생활이 없었다.

타울러는 은자隱者가 아니었다. 그는 삶의 대부분을 복잡한 도시 스트라스부르와 바젤에서 탁발전도자요 삶의 지도자lebmeister로 활동했다. 그렇다면 그의 신비주의를 역사적 배경 속에서 어떻게 이해해야 하는가? 신비적 가르침이란 본래 사적이고 개인적인 것이며, 또 수도원적인 특성을 지니지 않는 한 집단적인 배경과는 반대가 된다.

    요하네스 타울러는 1300년경에 인구 약 2만 명의 도시 스트라스부르의 유복한 가정에서 태어났다. 스트라스부르는 수세기 동안 그 지역 학문의 중심지인 동시에 상업과 교역의 중심지로서 중요한 역할을 하고 있었다. 타울러의 가족에 대해서 알려져 있는 단 한 가지 사실은 두 번째로 흑사병이 창궐했던 1361년에 그가 임종할 때의 상황으로부터 알려진 것이다. 그는 운디스Undis에 있는 성 니콜라스 수도원에서 도미니코 수도회의 수녀인 여동생 곁에서 숨을 거두었다. 타울러는 마이스터 에크하르트가 스트라스부르에 있는 도미니코 수도회를 방문한 1314년에 도미니코 수도회에서 정식 수련을 받기 시작하였다. 그가 이 때에 에크하르트를 개인적으로 알게 되었는지는 확실하지 않다. 그가 이 대가의 신학과 신비주의를 추종하는 제자가 된 것은 개인적인 교제를 통한 것이 아니라 연구를 통한 것으로 알려져 있다. 1년 동안의 수련생활, 3년 동안의 논리학 학습, 그리고 2년 동안의 자연주의naturalia 실천(스트라스부르가 아니라 쾰른에서의 일인 듯하다) 후에, 그는 나머지 2년 동안의 연구 활동을 위해 고향으로 돌아왔다. 이 기간에 그는 피터 롬바르드Peter Rombard(1164년 사망)의 『명제집』Sentences과 신학연구를 위한 표준 교과서를 학습했다. 그의 설교에서 자주 언급되는 바와 같이 그가 어거스틴에 대해 알게 된 것은 롬바르드를 연구한 데 따른 결과였다. 그 후에도 그는 설교자의 직무를 위한 훈련을 받았다.

이 수도회의 연대기에서는 "탁월한 신학자"요 "삶의 지도자"이며 "훌륭한 설교자"로서의 그의 역할을 자랑스럽게 언급하고 있다. 독일 도미니코 수도회에서는 당시 타울러가 수학하던 곳에서 활발하게 활동한 몇 명의 유럽 학자들을 언급한다. 그들은 에크하르트, Sermon on the Golden Hill(1324)의 저자인 스트라스부르의 니콜라스Nicholas of Strasbourg, 그리고 스테른가센의 요한John of Sterngassen(1327년 사망)이었다. 이들 중 니콜라스와 요한은 전통적인 스콜라주의 영성의 노선을 따랐다. 이 세 사람은 모두 독일어로 표현된 일반적인 신앙에 관한 철저한 지식과 라틴어 학식을 결합하는 데 있어서 본보기가 되었다.

스트라스부르에는 일곱 개의 도미니코 수녀원(각 수녀원에는 100명 정도의 수녀들이 있었다)과 200-300명의 여인들로 추정되는 베긴Beguin들의 작은 공동체가 몇 개 있었다. 그러나 그들만이 타울러의 청중은 아니었다. 그들은 대부분 설교 수사학을 배웠기 때문에 타울러가 호소하는 것을 세속의 청중들에게 분명히 전해 주기도 했다. 우리는 타울러를 추종한 몇 명의 수도사들을 통해서 약간의 참고 서신을 얻을 수 있다. 그 중 가장 유명한 사람이 메딩겐Medingen 도미니코 수녀원의 수녀인 신비가 마르가레타 에브너Margareta Ebner(1353년 사망)인데, 타울러는 그녀를 여러 번 방문했다. 에브너의 영적 지도자였던 뇌르들링겐의 하인리히Henry of Nordlingen(1350년 사망)의 언급에 의하면 타울러는 곧 스트라스부르 전역은 물론 그 밖의 지역에도 널리 알려졌다.

타울러는 에크하르트의 제자인 하인리히 수소의 친구이기도 했다. 그들은 바바리아, 라인란트, 스위스, 그리고 저지대에서 발달한 "하나님의 친구들"Friends of God이라는 무리의 영적 지도자들로서 점차 좋은 평판을 얻게 되었다. 이 모임은 사회 모든 계층의 남녀를 포함하고 있었다. 그들은 사회적 격변의 시대에 함께 더욱 하나님께 가까이 가야 할 필요를 느꼈으므로 내적 헌신과 기도생활에 전념했다. "하나님의 친구들"이라는 명칭은 성경의 전승을 따라 표현한 것이다(요 15:14f). 이 운동에는 상당히 많은 도미니코 수도회 수녀들도 참여했는데, 그들 중 많은 사람들이 기도 중에 하나님과의 친밀한 연합을 누리고 엑스터시를 체험하기도 했다. 그들은 도미니코 수도회의 가르침을 받았다. 종교적으로 볼 때 "하나님의 친구들"이라는 운동은 지적인 측면에서는 에크하르트의 가르침을 따르고 예언적 환상이라는 측면에서는 옛 독일 신비주의를 추종하는 운동으로서 신비종교의 비조직화된 집단 체험이라고 여길 수 있다.

물론 이 운동에는 사회적인 측면도 있었다. 그들은 도시, 마을, 수녀원 등을 중심으로 모였다. 이 모임의 구성원들은 신흥시민계급 출신이었다. 타울러는 영적 기독교의 주류와의 접촉을 유지함으로써 이 운동이 당대의 많은 분파들처럼 과도하게 광신적인 경향으로 치닫지 못하게 하여 이 운동의 위대한 지도자가 되었다. 타울러의 설교 중에서 특히 이런 종류의 일에 대한 언급을 접할 때에는 이러한 그의 역할을 염두에 두어야 할 것이다. 그는 자신이 영적 지도자로서의 능력을 지녔음을 거듭 강조하였다. 그가 이렇게 한 이유는 학구적인 경향은 지닌 지도자, 즉 초심자들의 교육을 맡은 회원들의 지나친 지적 경향에 대해 경고하기 위해서이다.

타울러는 가끔 스트라스부르 인접 지역을 여행했다고 하는데, 이것이 사실인지 아닌지는 확실하지 않다. 그는 1339년 바젤로 옮겨가기 전에 친구들(마르가레타 에브너)을 방문하였다. 그런데 그가 바젤로 옮겨간 것으로 인해 바바리아의 루트비히Louis of Bavaria와 교황 요한 22세 사이에 갈등이 야기되었다. 교황은 황제에게 충성하는 도시들에 대해 금령(Interdict: 정상적인 성찬을 실시하지 못하게 하는 금령)을 내렸다. 그리하여 교황을 지지한 도미니코 수도회와 어거스틴 수도회 등은 교황의 금령에 불복한 도시들을 떠나야 했다. 같은 해에 타울러가 쾰른을 방문했는데 방문 목적은 알려져 있지 않다. 그는 이곳을 방문하면서 에크하르트의 신비주의 연구에 박차를 가하게 된 듯하다. 그는 바젤에서 4-5년을 지내면서 철저한 연구와 영적 지도에 의해서 하나님의 친구들에게 더욱 큰 영향을 끼쳤다.

그의 생애에서 이 기간이 중요했다는 것을 언급하는 두 가지 기록이 있다. 첫째는 그리스도 승천절에 관한 그의 두 번째 설교 "사로잡힌 자를 사로잡고"이다. 그는 여기에서 인간의 나이에 대해 다음과 같이 말했다: "사람이 40세가 되기 전에는 아무리 노력해도 영원한 평화를 얻거나 참으로 하나님의 형상과 같이 될 수 없다. 때가 이르기 전에는 결코 참되고 완전한 평화를 얻을 수 없으며 하나님을 대면하는 생활 속에 들어갈 수 없다." 그가 이처럼 중년기 후반을 강조한 이유는 금욕적인 평온과 조화,

또는 참된 무관심과 초월을 얻는다는 견해 때문이라고 추측할 수 있다. 그의 생애와 그에 대한 전설들은 이것이 구체적으로 어떤 경험을 의미하는지를 묘사해준다. 그의 생애를 전설적으로 훌륭하게 묘사한 『요하네스 타울러 박사의 삶과 생애』 The History and Life of the Reverend Doctor John Tauler에서는 "하나님의 풍성한 은혜 가운데 거한 평신도"가 "성경 속에 나타난 그리스도"와 그의 참된 설교를 얼마나 신비롭게 가르쳤는지를 환기시킨다. 이 평신도는 은둔 기간을 연장함으로써(2년) 이같은 일을 했다. 이로 말미암아 그는 "성직자들과 속인들" 모두에게 신적인 지혜를 분배해줄 수 있었고, "영적인 일과 세속적인 일에 있어서" 바람직한 중재인이 되었다.

이와 같은 전설적인 해명을 증명해주는 문서도 있다. 이 전설은 타울러의 영적 지지자인 룰만 메르스빈Rulman Merswin이 발설했거나 기록했을 것이다. 룰만은 부유한 스트라스부르의 상인으로서 중년기에 "하나님의 친구"가 되기 위해서 아내의 허락을 받아 재산의 거의 대부분을 포기했다. 역사적인 관점에서 볼 때 이 회심의 기록은 타울러의 생애에 있어서 영성의 중요성을 간단히 요약하고 특징지어주는 좋은 예라고 볼 수 있다.

타울러의 사상에는 집합적 영성의 변증법을 반영하는 두 가지

역동적인 구성요소가 포함되어 있다. 즉 기독교인의 자기 부인 및 그에 따르는 불가피한 부산물인 사회적 개성화 사이의 모순, 그리고 평신도들의 경건생활과 수덕적 영성이라는 수도원적 형태 사이의 모순이었다. 이 시대 연구의 전문가인 오즈멘트Steven E. Ozement는 자신의 연구서인 『신비주의와 비국교파: 16세기의 종교적 관념론과 사회적 저항』*Mysticism and Dissent: Religious Ideology and Social Protest in the sixteenth Century*에서 보다 광범위한 역사적 맥락에서 첫 번째 딜레마를 다음과 같이 지적했다: 타울러와 에크하르트는 종교개혁과 더불어 충분히 분출된 문제의 역사적 근원에 있는 대표적인 인물들이다. 그러나 사적인 관심에서 교회의 최고 권위자에 의해 드러난 제도적 교회의 불명예스럽고 치욕스러운 상태에 따른 직접적인 결과, 또는 난해한 논리적 요점을 기준으로 볼 때 "과연 타울러의 영성이 어떤 의미에서 반제도적이었는가?"라고 질문할 수도 있을 것이다. 신비주의 운동들은 공식적인 조직들처럼 "성性, 연령, 사회계급, 교육, 이단" 등의 장애물과 "민주화" 또는 "평등주의"라는 산물들을 뚫고 나아간다는 점에서 반문화적이라고 할 수 있다.

타울러가 독일 신비주의를 보급하는 데 성공할 수 있었던 이유들 중 하나는 그의 사회적인 신분이다. 그가 번성하는 자치도시에 정착해 있었으므로 그의 설교는 귀족제도와 그 가치를 배제하지 않으면서도 직공, 장인匠人들에 대한 관심을 표현한다. 이것이 그가 르네상스와 종교개혁 시대를 거쳐 그 이후까지 계속 큰 영향을 미친 한 가지 이유이다. 후일 그의 고향에 인문주의가 널리 퍼졌으며 종교개혁 이전의 탁월한 설교가인 카이제르스베르크의 가일러Geiler von Kaisersberg(1510년 사망)의 활동무대가 되었다. 그의 설교에 표현된 내용들은 앞에서 언급되었던 바 개인의 경건생활과 수도원에 기초를 둔 영성생활의 딜레마를 두드러지게 해준다.

다니엘 레스닉Daniel R. Lesnick은 『종교와 사회적 변화: 중세 후기 플로렌스에서의 대중 설교』*Religion and Social Transformation: Popular Preaching in Late Medieval Florence*에서 도미니코 수도회의 설교가인 지오다노 다 피사Giordano da Pisa의 예를 인용하여 다음과 같은 사실을 나타냈다.

> "도미니코 수도회는 14세기 초에 성 도미니코에 의해 설립되었다. 이 수도회는 신흥 상인계급과 자본계급의 욕구에 기여한다는 특별한 목적을 지닌 수도회로서 도시 사회 상류계층의 환영을 받았다.…도미니코 수도회의 주

된 목적은 비록 중세 시대의 계급제도 안에서지만 개인주의적인 관념을 가다듬고 이에 병행하는 훌륭한 행동을 형성함으로써 정치적, 경제적, 사회적 세계에서 그들의 주도권을 공고히 하도록 돕는 데 있었다."

타울러의 설교는 지오다노 다 피사의 것과 같은 종류의 설교가 아니다. 더욱이 그의 설교는 신the One above을 일반화하지도 않는다. 그러나 타울러 시대의 사람들이 그의 설교와 신비주의를 신속하게 받아들였다는 사실 및 그를 받아들인 사회계층을 살펴보면("하나님의 친구들"은 경건서적들을 서간문이나 사본의 형태로 바꾸었다), 그가 끼친 영향의 일부는 그가 사회적 차원에서 다양한 역할을 한 데 기인함을 알 수 있다. 그는 영적 지도자로서 자기가 거주하는 도시와 그 계층의 사람들을 지도하는 교사로서 활동하면서 변증학적으로 수도주의에 기초한 금욕주의와 대등하거나 그것과는 거리가 먼 새로운 영성을 설명했다. 그것은 초기 사회적 개인주의의 형태와 유사한 동시에 공동체에 기초를 둔 중세 말기의 도시와 그 주민들의 갈망을 초월하는 것이었다.

타울러는 여러 차례 여행하였다. 그 중에서 가장 중요한 여행은 벨기에에 머물던 얀 반 루이스브렉John Ruysbroec을 방문한 것이다. 그는 1346년에 쾰른을 방문하고 인근에 있는 친구들을 방문했을 때 영적 지도자 및 설교자로서의 활동을 중단했다. 최초로 흑사병이 창궐했을 때 그는 스트라스부르에 있었다. 이 질병의 창궐로 인해 사회적인 부작용이 생겨났다. 도시에는 채찍질 고행자들Flagellants의 행렬이 생겨났다. 그 밖의 사태는 이보다 훨씬 악화되어 있었다. 1549년에 스트라스부르에서 약 2천 명의 유대인들을 공동묘지로 끌고 가서 개종하지 않는 자들을 말뚝에 묶고 화형에 처했다. 길드Guild에서는 이러한 조처에 반대한 시 의회를 해산하고 다른 의회를 선출했다.

타울러의 묘비가 지금까지 보존되어 온다. 이 묘비를 보면 그는 가냘픈 몸매에 생각에 잠긴 얼굴을 하고 있다. 그것은 실제 인물의 근본적인 특성들, 즉 지적인 깊이, 다정함, 중용, 명료함, 신비적 영성 등과 부합하는 듯이 보인다.

성탄의 세 가지 의미

이 설교는 성탄의 세 가지 의미에 관한 것으로서 중세 시대 성탄절에 부르는 세 가지 송독문을 주제로 한 것이다. 이것은 영혼의 세 가지 기능을 가다듬고 우리의 의지와 욕망과 세속적인 행동을 버리라고 가르친다.

"한 아기가 우리에게 났고 한 아들을 우리에게 주신 바 되었는데"(사 9:6).

오늘 거룩한 교회에서는 세 가지 거룩한 탄생을 찬양합니다. 성탄은 우리 마음을 기쁘고 즐겁게 해줍니다. 그러므로 사랑과 기쁨으로 넘치는 우리는 순전한 감사와 축복으로 하늘을 날아올라야 합니다.

첫째 성탄이 가장 고귀한 탄생입니다. 하늘 아버지께서 그 거룩한 본체 안에 독생자를 독립된 위격으로 잉태하신 것입니다. 둘째 탄생은 순수하고 순결한 처녀에게 임한 것으로서 모성적 母性的 수태입니다. 셋째 탄생은 매일 매 시간 영혼 안에서 사랑과 은혜로 말미암아 영과 진리로 이루어지는 하나님의 탄생입니다. 이것이 세 가지 거룩한 탄생의 의미입니다.

"여호와께서 내게 이르시되 너는 내 아들이라 오늘 내가 너를 낳았도다"(시 2:7). 이것은 성탄절 밤에 드리는 첫 번째 송독문으로서 미지未知의 신격神格의 비밀 안에 있는 탄생의 깊은 뜻을 나타내줍니다. 두 번째 송독문은 "오늘 우리에게 한 빛이 비추일 것이다"라는 말로 시작됩니다. 이것은 신화神化한 인간 본성의 빛을 의미합니다. 이 송독문은 밤에 시작하여 아침까지 드리는 것입니다. 왜냐하면 신화된 인간의 본성은 부분적으로 알려져 있으나 부분적으로는 알려져 있지 않기 때문입니다.

세 번째 송독문은 "한 아기가 우리에게 났고 한 아들을 우리에게 주신 바 되었도다"(사 9:6)입니다. 이 송독문은 성탄절 정오에 드리는 것입니다. 이것은 거룩하고 의로운 영혼이 자기 안에 하나님을 잉태하겠다는 서원誓願을 품고 부지런히 정진한다면 매일 매순간 사랑스러운 탄생이 임한다는 의미입니다. 매일 매순간 이러한 탄생을 경험하려면 우리의 영혼이 내면을 향해야 하며 영혼의 모든 능력이 전도顚倒되어야 합니다. 그리하면 하나님께서 자신을 우리에게 주시며 자신을 완전히 맡기실 것입니다. 영혼에게 있어서 이러한 은사는 그 무엇보다 더 귀중한 것입니다.

"한 아기가 우리에게 났고 한 아들을 우리에게 주신 바 되었다"라는 말씀은 하나님이 완전히 우리의 것으로서 특별한 방법에 의해 우리에게 속해 있다는 의미입니다. 즉 하나님이 항상 끊임없이 우리 안에 태어나신다는 말입니다. 이 세 번째 송독문에 언급된 사랑스러운 탄생의 의미를 더 깊이 살펴보겠습니다.

이 놀라운 탄생이 우리에게 임하여 고귀하고 풍성한 열매를 맺으려면 먼저 첫째 탄생, 즉 성부께서 영원 속에서 성자를 잉태하신 부성적父性的 탄생의 의미를 알아야 합니다. 성부에게는 인간의 방법을 초월하는 거룩하고 풍성한 선이 있습니다. 그것은 아무것도 억제하거나 숨기지 않으며 영원히 흘러나오고 전해집니다. 이런 까닭에 보에티우스Boetius와 성 어거스틴은 자기를 쏟아 부으시고 전해주시는 것이 하나님의 본성이요 특성이라고 말했습니다. 그러므로 성부는 거룩한 위격들의 발현 안에서 흘러나오셔서 피조물에게로 흘러 들어가십니다. 어거스틴은 "하나님이 선하시기 때문에 우리는 존재한다. 피조물이 지니고 있는 선은 하나님의 본질적인 선으로부터 파생된 것에 불과하다"라고 말했습니다.

그렇다면 부성적 탄생에 관해 무엇을 관찰하여 어떻게 인식해야 합니까? 성부는 홀로 완전하시면서도 거룩한 지성으로 자신의 내면을 향하셔서 분명한 자기성찰을 통해 자신의 영원한 존재의 본질적 심연을 꿰뚫어 보셨습니다. 성부는 이같이 순수한 자기인식 행위를 통해서 한 마디 말씀에 의해서 자신을 완전히 나타내셨습니다. 그 말씀이 성자이십니다. 성부는 영원 속에서 성자를 탄생시키신 행위에 의해 자신을 알게 하셨습니다. 이와 같이 성부는 본질의 조화 속에서 자신 안에 거하시며, 위격의 구분을 통해서 흘러나오십니다.

따라서 성부는 자기인식에 의해 내면을 향하고, 자신이 이미 알고 또 이해하고 있는 자신의 형상(성자의 형상)을 탄생시킴으로써 밖으로 흘러나오십니다. 그리고는 다시 완전한 자기만족의 기쁨 속에서 자신에게 돌아가십니다. 이 기쁨은 말할 수 없는 사랑의 시냇물처럼 흐르는데, 이 사랑이 성령입니다. 이처럼 하나님은 자신의 내면을 향하시고, 밖으로 나가셨다가 다시 내면으로 돌아오십니다. 이러한 과정이 계속 순환합니다. 거룩한 천상의 궤도는 가장 고귀하고 완전합니다. 왜냐하면 그것이 항상 자신의 근원과 원천으로 돌아오기 때문입니다. 동일한 근거로써 근본적인 의미에서 인간의 회로回路가 순환하여 그 근원으로 돌아올 때에 가장 고귀하고 완전하다고 할 수 있습니다.

우리 영혼 안에 영적 모성母性을 얻고자 한다면, 하늘 아버지께서 이러한 거룩한 순환 속에서 소유하시는 특별한 성품을 우리도 가져야 합니다. 우리도 완전히 자신의 내면을 향한 후에야 다시 밖으로 나갈 수 있습니다. 그러면 어떻게 해야 이것을 이룰 수 있습니까?

영혼은 기억, 이해력, 자유의지 등 세 가지 능력을 가지고 있습니다. 이것이 삼위일체의 참 전형典型이라고 할 수 있습니다. 영혼은 이 능력들의 도움을 받아 하나님을 이해하고 하나님께 참여할 수 있으며, 그리하여 하나님의 모든 것과 하나님이 주시는 모든 것을 받을 수 있습니다. 이 능력들이 있기 때문에 영혼은 영원을 정관靜觀할 수 있습니다. 영혼은 시간과 영원 사이에서 피조되었습니다. 영혼의 가장 고귀한 부분은 영원과 접하고 있으며, 반면에 가장 비천한 부분인 감각적이고 동물적인 능력 때문에 시간의 제약을 받습니다. 인간의 타락으로 말미암아 이 두 가지 능력이 뒤섞이게 되었으므로, 영혼은 유한하고 일시적인 것들을 지향하게 되었습니다. 따라서 순간적이고 덧없는 것들이 쉽게 영혼에게 접근하며, 영혼은 이러한 것들 속에 파묻혀 있는 자신을 사랑하게 됩니다. 그리하여 그는 영원으로부터 점차 멀어지며 시간을 향하게 됩니다.

그러므로 우리 안에 거룩한 탄생을 이루려면 이와 반대의 현상이 필요합니다. 영혼의 세 가지 능력들을 분산시키지 말고 한 곳에 집중시켜 내면을 향하는 내향성이 있어야 합니다. 연합하는 데서 힘이 나오는 법입니다. 이것은 사수射手들이 과녁을 정확하게 맞히기 위해서 한쪽 눈을 감고 조준하는 원리와 같습니다. 어떤 일을 분명하게 이해하려는 사람은 모든 감각을 그것들의 근원인 영혼에게 집중시켜야 합니다. 나무의 줄기는 하나이지만 거기에서 많은 작은 가지들이 뻗어 나오듯이, 영혼의 모든 능력도 그 근원에 집중되어야 힘을 발휘할 수 있습니다. 이것이 "내향성"입니다.

더욱이 우리가 자아를 초월하여 고귀해지려면 우리 자신의 의지와 욕망, 그리고 세속적인 행위를 버려야 합니다. 그리하면 우리는 단순하게 하나님만 바라보고 자신을 완전히 버린 상태에서 하나님을 만날 수 있습니다. 그 후에 할 일은 오직 하나님께 매달리며, 가장 고귀하고 가장 가까이 계시는 하나님이 임재하실 지성소를 우리 내면에 예비하는 것입니다. 그리하면 하나님의 역사役事가 일어나며, 방해 없이 하나님의 탄생이 이루어질 수 있을 것입니다. 둘이 연합하여 하나가 되려면, 한 사람은 능동적이어야 하며 상대방은 수동적이어야 합니다. 예를 들어 벽에 걸려 있는 어떤 물건의 영상을 보려면, 먼저 내 눈에 있는 다른 영상들을 제거해야 합니다. 다른 영상이 망막에 남아 있는 한 보려는 물건을 볼 수 없습니다. 듣는 일에서도 마찬가지입니다. 우리 귓속에 이미 하나의 소리가 들어와서 고막을 울리고 있다면 다른 소리를 들을 수 없습니다. 간단히 말해서 우리가 무엇을 받아들이려 한다면, 그 전에 우리 안에 있는 것들을 비우고 자유롭고 피동적인 상태를 갖추어야 합니다.

이에 대하여 어거스틴은 "당신의 내면을 채우려면 먼저 비우십시오. 당신 자신에게서 나가십시오. 그리하면 들어올 수 있습니다"라고 말했습니다. 또 다른 글에서는 다음과 같이 말합니다: "고귀한 영혼이여, 거룩한 피조물이여! 어찌하여 그대는 하나님을 그대의 외부에서 찾고 있는가? 하나님의 본성을 나누어 받은 그대여, 하나님이 그대의 내면에 온전하고 순수하게 거하고 계시거늘, 그대는 어찌하여 하찮은 피조물의 일로 분주히 움직이고 있는가?"

인간이 영혼의 깊은 곳을 비우고 예비한다면, 하나님이 그곳을 완전히 채워주실 것입니다. 하나님은 그 어느 것도 텅 빈 상태로 버려 두지 않으십니다. 이는 그것이 하나님의 본성과 하나님의 법칙과 어긋나기 때문입니다.

그러므로 침묵하십시오! 침묵할 때 우리의 내면에서 말씀이 들려옵니다. 그러나 만일 당신이 침묵하지 않고 말을 하려 한다면 하나님이 침묵하셔야 합니다. 하나님의 말씀을 섬기는 가장 좋은 방법은 침묵과 경청입니다. 우리 자신의 내면을 비우면, 하나님이 그곳에 들어오셔서 온전히 채워주실 것입니다. 영혼을 많이 비울수록 그만큼 더 신적인 것이 많이 들어올 것입니다.

이러한 출애굽은 창세기에 기록된 이야기에 잘 설명되어 있습니다. 하나님은 아브라함에게 그의 고향과 친척을 떠나면 큰 복을 주시겠다고 말씀하셨습니다. "큰 복"All Good이란 거룩한 탄생을 의미하는 것으로서 그 자체 안에 모든 복을 포함합니다. 하나님이 떠나라고 하신 "집과 땅"은 세속적인 만족과 무질서로 가득한 육체를 상징합니다. "친척"은 우리 본성의 감각적인 성향 및 이에 수반되는 것으로 이해되며, 이것들 역시 우리를 사로잡아 사랑과 슬픔, 쾌락과 비탄, 욕망과 공포, 근심과 천박함 등을 자아내어 영혼의 성장을 막습니다. 이런 것들은 우리의 가까운 친척이므로 조심스럽게 다루어야 합니다. 우리가 이들로부터 완전히 떠날 때에 가장 큰 복, 즉 우리 안에 거룩한 탄생이 이루어집니다.

집안에서만 자란 아이는 집 밖을 알지 못한다는 속담이 있습니다. 이것은 자신의 본성적인 성향이라는 집을 떠나보지 않은 사람들에게도 적용됩니다. 즉 자신의 본성을 어기지 못하거나 자신의 감각으로 보고 들은 메시지에만 매여 있는 사람들도 이와 마찬가지입니다. 감각적인 것들을 벗어나거나 초월하지 못하는 사람들은 거룩한 일을 대할 때에 이질감을 느낄 것입니다. 내면의 중심이 한 번도 빛을 받아본 적이 없는 광산과 같기 때문에 그들은 자신의 일시적인 기분이나 외적인 환경이 변하면 어쩔 줄을 모릅니다. 그들은 본성적 자아를 극복하지 못하며, 따라서 거룩한 탄생을 경험하지 못합니다. 그리스도는 이런 사람들을 염두에 두고 이렇게 말씀하셨습니다: "내 이름을 위하여 집이나 형제나 자매나 부모나 자식이나 전토를 버린 자마다 여러 배를 받고 또 영생을 상속하리라"(마 19:29)

지금까지 첫째 탄생과 셋째 탄생, 그리고 첫째 탄생이 셋째 탄생에 가르쳐주는 바가 무엇인지 살펴보았습니다. 이제 둘째 탄생, 즉 하나님의 아들이 성탄절 밤에 마리아를 통하여 이 땅에 탄생하셔서 인간의 형제가 되신 일에 대해 살펴보려 합니다. 성자는 영원 속에서는 어머니聖母 없이 탄생하셨습니다. 그러나 시간의 세계에 탄생하실 때에는 아버지가 없이 태어나셨습니다. 어거스틴은 "하나님이 마리아를 통해 육신으로 탄생하셨기 때문이 아니라 마리아의 영혼 안에서 영적으로 탄생하셨기 때문에 마리아가 복되다"라고 말했습니다. 우리의 영혼 안에서 이렇게 고귀한 영적 탄생이 이루어지기를 원한다면, 영적으로나 육적으로 어머니가 될 수 있었던 마리아의 자질들을 우리도 가져야 합니다. 마리아는 정혼한 순결한 처녀였습니다. 천사가 마리아에게 나타났을 때 그녀의 마음은 외부의 일에 대해서는 격리되어 내면을 향하고 있었습니다. 자신의 영혼 안에 하나님을 잉태하여 영적인 어머니가 되려는 사람들이 갖추어야 하는 자질들은 다음과 같습니다.

첫째, 영혼이 순결하고 순수한 처녀여야 합니다. 혹시 순결을 잃어버리는 일이 있어도 다시 그 길을 돌아서서 순결하게 되어야 합니다. 영혼은 처녀로서 세상적인 관점에서 볼 때 외적인 열매를 맺지 않으나 내면에는 많은 열매를 맺어야 합니다. 또 표면적인 일에 관심을 기울이지 않으며, 표면적인 것들로부터의 상급을 기대하지 않고, 모든 표면적인 관심에 대해 눈을 감아야 합니다. 마리아의 마음은 거룩한 일에 몰두하여 있었습니다. 처녀의 내면에는 많은 열매들이 담겨 있습니다. 이는 "왕의 딸의 모든 영광이 그 안에 있기 때문입니다." 이처럼 외부세계와 감각으로부터 이탈하여 생활해야 하고, 행동과 사고思考 및 태도가 모두 내면화되어야 합니다. 이렇게 할 때 크고 풍성한 열매를 맺습니다. 이 열매가 바로 하나님 자신이요 성자요 말씀이십니다.

둘째, 마리아는 정혼한 여인이었습니다. 바울이 가르친 것처럼 우리도 정혼해야 합니다. 우리 자신의 변덕스러운 뜻을 불멸의 거룩한 뜻 안에 침몰시켜야 합니다. 그렇게 하면 우리의 약함이 변하여 강건하게 됩니다.

셋째, 마리아는 내면을 향하는 영적 생활을 했습니다. 따라서 우리의 내면에 하나님이 탄생하시기를 원한다면, 이 점에 있어서도 마리아를 본받고 세상과 분리된 생활을 해야 합니다. 이것은 단지 해롭다고 여겨지는 일시적인 혼란을 피한다고 해서 이루어지는 것이 아닙니다. 무엇보다도 모든 덕행을 내면화해야 합니다. 참으로 필요한 것은 내적 정온靜穩과 평화를 창조하는 것, 즉 감각들로부터 자신을 격리하여 보호하며 고요한 내적 안식처를 만드는 일입니다. 이것이 성탄절에 부르는 다음과 같은 찬양의 주제입니다: "만물이 고요한 밤에 전능하신 말씀이신 주 하나님이 하늘 보좌를 버리고 강림하셨습니다."

이처럼 밤의 고요 속에서 만물이 잠잠하고 고요할 때 하나님의 말씀이 들려옵니다. 그러므로 하나님의 말씀을 들으려면, 먼저 우리가 잠잠해야 합니다. 하나님을 우리 안에 모시려면, 우리

속에 있는 피조물들을 모두 비워야 합니다.

하나님은 애굽에 들어가셨을 때 그곳의 우상들을 모두 땅에 던져 깨뜨리셨습니다. 거룩하고 선한 것처럼 보이지만 영혼 안에서 하나님의 말씀의 탄생을 방해하는 것이 우상입니다. 주님은 어머니나 자매나 형제일지라도 인간에게 붙어 방해하는 것들을 베어내는 칼이 되려고 세상에 오셨다고 말씀하셨습니다. 비록 우리와 친밀한 관계가 있어도 그 안에 하나님이 없는 것은 우리에게 해롭습니다. 우리 안에 여러 가지 형상들을 소유한다면, 비록 그로 인해 내적 고요가 완전히 없어지지 않는다 해도, 그것들이 거룩한 말씀을 가리고 말씀의 탄생을 방해합니다. 때로 침묵이 우리 마음을 황폐하게 만들지만, 그것은 거룩한 탄생을 위한 비옥한 땅이 될 것입니다. 이 깊은 침묵을 소중히 여기고 잘 가꾸십시오. 그것이 습관이 되어야 합니다. 습관이 된 침묵은 큰 재산입니다. 훈련을 받지 않은 사람들에게는 불가능하다고 여겨지는 일들을 훈련받은 사람들은 쉽게 할 수 있습니다. 습관이 되면 숙련되는 것입니다.

    하나님, 우리로 하여금 거룩한 탄생이 이루어질 곳을 예비하게 하시고, 우리 모두가 거룩한 것을 내면에 수태하는 영적 어머니가 되는 복을 주십시오. 아멘.

영혼의 세 가지 원수

이 설교는 주현절 저녁 설교이다. 타울러는 요셉의 두려움과 아켈라오의 죽음을 다루면서 어떤 모험을 할 때 그것을 성취할 수 있는 방법을 생각하지 않은 채 성급하게 행하지 말라고 가르치며, 영혼을 기다리고 있는 세 가지 원수들에 대해서도 경고한다.

"아기와 그의 어머니를 데리고 이스라엘 땅으로 가라"(마 2:20).

우리는 복음서의 말씀을 여러 번 읽고 설교하고 묵상하지만, 그 말씀을 대할 때마다 전에 깨닫지 못했던 진리를 새로 깨닫고 감명을 받습니다. "일어나 아기와 그의 어머니를 데리고 이스라엘 땅으로 가라 아기의 목숨을 찾던 자들이 죽었느니라"(마 2:20).

어떤 사람들은 자신의 내적 생명의 부활을 갈망하는 순간 들뜬 기분에 휩쓸립니다. 그들은 새로운 일을 맡는 데 급급하여 자신이 능력 이상의 일을 맡는 것은 아닌지, 또는 자기 안에 있는 하나님의 은혜가 그 일을 완수하기에 충분한 것인지 등을 생각하지 않습니다. 새로운 근행勤行을 시작하려면 조급하게 행동하지 말고 먼저 그 목적을 생각해 보아야 합니다. 먼저 새로운 영적 열정과 자극을 주시는 하나님을 의지해야 합니다. 어떤 사람들은 이렇게 행동하지 않습니다. 그들은 혼자서 맹목적으로 온갖 새로운 일들을 시도하지만 자기의 힘만 의지하기 때문에 경솔하게 행하다가 좌절하는 경우가 많습니다.

요셉은 아내와 아기를 데리고 애굽으로 도망쳤습니다. 그런데 꿈에 천사가 나타나 헤롯이 죽었다고 현몽하여 주었습니다. 그러나 그는 헤롯의 아들 아켈라오가 왕위에 올랐음을 알고 있었기 때문에 혹시 아기가 죽임을 당하지 않을까 두려워했습니다. 아기를 죽이려 했던 "헤롯"은 "세상"을 상징합니다. 세상은 아기(예수)를 죽이려 합니다. 따라서 우리 안에 아기를 보존하려면 세상에서 도망쳐야 합니다. 그러나 우리가 표면적으로 세상에서 도망쳐서 암자나 수도원에 은둔해도 영혼 속에서는 항상 아켈라오가 다스리고 있을 것입니다. 하나님의 도우심 및 우리의 끊임없는 노력과 훈련이 없이는 극복할 수 없는 또 다른 세상이 우리 안에서 일어날 것입니다. 그곳에는 우리를 공격하려는 강하고 사나운 원수들이 있는데, 그들을 공격하여 이기는 것은 매우 어려운 일입니다.

첫째 원수는 세속적인 마음과 영적인 교만입니다. 우리는 사람들 보기에 고귀하게 되기를 원합니다. 자신의 외모와 권위 있는 태도로 사람들에게 감명을 주기 원합니다. 또 훌륭한 화술, 처세 방법, 친구와 가족들, 부귀, 지위 등에 의해 유명해지기를 원합니다.

둘째 원수는 우리의 육신입니다. 이것은 영적인 부정不淨을 가지고 우리를 공격합니다. 왜냐하면 인간은 감각적인 만족에 젖어 있을 때 그 만족의 종류와는 상관없이 죄책감을 느끼기 때문입니다. 누구에게나 부정不淨하게 되려는 유혹이 있습니다. 그러므로 그 유혹을 막아야 합니다. 어떤 사람들은 무슨 일에든지 심취하는 경향을 가지고 있어 날마다 고집스럽게 그러한 열정들을 마음에 품습니다. 육체의 본성이 육체를 부정하게 만들듯이 내면의 부정은 영의 순결을 제거합니다. 그런데 영이 육체보다 훨씬 고귀하므로 영의 죄악이 육체의 죄악보다 무겁고 괴로운 것입니다.

셋째 원수는 악한 생각, 분노, 의심, 성급한 판단, 증오, 원한 등입니다. "그 사람이 나에게 어떻게 행동했었지?" "나에 대해 무슨 말을 했지?" 이렇게 말하는 우리의 아픈 마음, 행동, 말 등은 가해자에게 복수하려는 태도를 드러냅니다. 이런 것들이 마귀의 역사입니다.

하나님이 보시기에 기뻐하시는 존재가 되려면 이런 것들을 버려야 합니다. 그것들은 아켈라오의 일입니다. 이 원수를 조심하십시오. 그는 우리 안에 있는 아기(예수)를 죽일 수 있는 대적입니다.

요셉은 아기를 죽이려 할 가능성이 있다고 여겨지는 사람들 모두를 경계했습니다. 원수들을 모두 정복한 후에도 끊어버려야 할 속박들이 많습니다. 우리가 내면을 향하고 마음속을 들여다보면, 그것들이 무엇인지 알 수 있습니다. "요셉"은 끊임없는 내면생활의 성장과 적극적인 영적 발전을 의미합니다. 이것들은 아기와 그 어머니를 지키는 가장 훌륭한 방어책입니다.

요셉은 천사의 현몽을 받고 이스라엘 땅으로 돌아갔습니다. 이스라엘은 이상향을 의미합니다. 이 시점에서 영적인 마음을 지닌 사람들 중 많은 사람들이 정도正道에서 벗어납니다. 그들은 하나님이 천사를 보내어 해방시켜 주시기를 기다리지 않고 스스로 속박들로부터 벗어나려 하기 때문에 심각한 잘못에 빠집니다. 그들은 복된 삼위일체의 고귀한 일들에 관해 의견을 제출할 수 있는 자신의 능력이나 총명의 도움을 받아 자신을 해방시키려 합니다. 이것이 이제까지 얼마나 큰 해악과 오해를 초래해 왔고 지금도 매일 초래하고 있는지 생각하면 무척 안타깝습니다.

이런 사람들은 애굽이라는 어둠 속에서의 포로생활의 쇠사슬을 참고 견디려 하지 않습니다. 우리는 다음과 같은 사실을 확신할 수 있습니다: 하나님에 의해 생명을 부여받은 피조물은 결코 우리를 돕거나 해방시킬 수 없으며 오직 하나님만이 그 일을 하실 수 있습니다. 온 세상을 다니며 두루 찾아보아도 하나님이 아닌 다른 곳에서는 필요한 도움을 발견하지 못할 것입니다. 하나님이 천사나 인간을 도구로 사용하시기도 하지만 역사하시는 분은 하나님 자신이십니다. 그러므로 표면적인 것을 찾으러 돌아다니는 일을 멈추고 영혼의 깊은 곳을 들여다보아야 합니다. 천사가 우리를 부르러 올 때까지 인내하며 하나님께 자신을 완전히 맡기고 어두운 애굽에 머물러 있어야 합니다.

천사가 경고하러 왔을 때 요셉은 잠들어 있었습니다. 잠자고 있는 사람은 악한 생각이 접근해도 죄를 범하지 않습니다. 우리도 자신을 공격할 수 있는 모든 외적인 괴로움과 유혹들에 대해 잠들어 있어야 합니다. 잠든 사람이 전혀 염려하지 않듯이 우리는 이러한 괴로움과 유혹을 인내하면서 받아들이고 하나님께 복종해야 합니다. 이처럼 하나님께 복종하는 것이 죄를 범하지 않는 최선의 대책입니다. 이렇게 잠들어 있을 때, 무저항의 상태에 있을 때 우리를 부르시는 음성을 들을 수 있습니다.

성직자들은 요셉과 같은 보호자가 되어야 합니다. 그들은 청년들을 유익한 길로 인도해 주는 보호자가 되어야 합니다. 우리에게는 많은 보호자들과 윗사람들이 있습니다. 나에게도 교황과 주교들이 있습니다. 그들은 모두 나의 윗사람들입니다. 그들이 늑대처럼 사납게 덤벼도 우리는 겸손히 그들에게 복종해야 합니다. 그들이 자비하고 친절하게 우리를 대해주면, 그것도 그대로 받아들여야 합니다. 그들이 나를 해치려 해도, 또 지금보다 몇 배나 더 많은 사람들이 나를 대적해도, 나 자신을 포기하고 인내해야 합니다.

천사가 아기의 목숨을 찾던 자들이 죽었다고 말해 주었는데도 요셉은 여전히 두려워했습니다. 그는 누가 헤롯의 뒤를 이어 이스라엘을 다스리게 되었느냐고 물었습니다. 사람들 중에는 전혀 두려움이 없이 사는 사람들이 있는데, 이것은 좋지 못한 태도입니다. 이 땅에서 사는 한 우리는 결코 두려움에서 해방될 수 없습니다.

"너희가 너희의 하나님 여호와를 항상 경외하게 하려 하심이라"(수 4:24).

우리는 천사가 와서 경고해 주어도 두려워하며 자신의 내면을 다스리는 자가 누구인지 알려 해야 합니다. 우리의 내면 어딘가에 아켈라오가 권세를 누리고 있을 수도 있기 때문입니다.

요셉은 아기와 그의 어머니를 데리고 갔습니다. "아기"는 "흠 없는 순결"을 의미합니다. 우리는 덧없는 일들에 오염되지 않고 어린아이처럼 겸손하고 순종하는 상태에 머물러야 합니다. "어머니"는 "하나님의 참 사랑"을 의미합니다. 사랑은 참된 겸손의 어머니입니다. 우리의 고집을 없애주고 어린아이처럼 순수하게 하나님의 뜻에 복종하게 해주는 것이 사랑입니다.

인간은 어릴 때는 제멋대로 이상향을 향해 길을 떠나서는 안 됩니다. 혹 용서를 구하기 위해서 그런 행동을 했다고 해도 다시 애굽으로 돌아가야 합니다. 장성하여 어른이 되고 예수 그리스도의 병기로 무장할 수 있을 때까지 그곳에 머물러 있어야 합니다. 주님은 몸소 본을 보이셔서 우리에게 모든 것을 가르치셨습니다. 혹시 분명하게 말씀하시지 않은 것은 주님의 생애를 통해서 알 수 있습니다. 주님은 열두 살 때 예루살렘에 가셨지만 그곳에 머물지 않고 돌아오셨습니다. 아직 장성한 어른이 되지 않앉기 때문입니다. 그러나 30세가 지난 후에는 매일 예루살렘에 가셔서 유대인들을 꾸짖고 권고하시며 진리를 가르치셨습니다. 주님은 한적한 곳에 거하시면서 가고 싶은 곳, 즉 가버나움, 갈릴리, 나사렛 등 유대 전역을 두루 다니시며 가르치고 설교하셨습니다. 주님은 기사와 표적을 행하시는 훌륭한 교사이셨습니다.

우리도 주님처럼 행해야 합니다. 우리가 어린아이로서 불완전한 동안에는 고귀한 땅, 주님의 땅에 정착하지 말고 때때로 그곳을 방문한 후 돌아와야 합니다. 그러나 장성하여 어른이 된 후에는 유대 땅에 들어가 살아도 됩니다. "유대"는 "하나님께 고백하다"라는 의미입니다. 이때 우리는 예루살렘, 즉 참 평화 속에서 가르치고 권면할 수 있으며, 그 다음에는 갈릴리로 건너갈 수 있습니다. 여기에서 모든 것이 극복되며, 갈릴리를 건너감으로써 나사렛에 이릅니다. 나사렛은 영생의 꽃들이 만발해 있고 영생을 미리 맛볼 수 있는 향기로운 정원입니다. 여기에는 완전한 안전, 말로 표현할 수 없는 평화, 고요, 그리고 기쁨이 있습니다. 하나님이 우리를 인도해 주실 때까지 하나님께 모든 것을 맡기고 참고 기다려야만 그곳에 이를 수 있습니다. 자기의 의지를 버린 사람들은 이러한 평화, 꽃피는 나사렛에 들어갈 수 있습니다. 여기에서 영원한 기쁨을 발견할 것입니다.

하나님, 우리에게 이 나라에 함께 들어가 살 수 있는 은혜를 허락해 주십시오. 아멘.

일어나 빛을 발하라

이 설교는 성탄절기 중 열두 번째 날에 행한 두 번째 설교이다. 주제는 주현절에 낭독하는 성구(사 51:17; 52:2)에서 택했다. 이 설교에서 타울러는 우리 자신과 모든 피조물을 버리라고 가르친다. 그렇게 하면 하나님이 자신의 영원한 사역을 행하실 터를 발견하신다는 것이다.

"일어나라 빛을 발하라…"(사 60:1).

예루살렘아, 일어나라, 빛을 발하라! 이 세상에서 하나님이 원하시고 필요로 하시는 것은 단 한 가지입니다. 그것은 하나님이 갈망하시기 때문에 정성을 기울이시는 일, 즉 "인간의 영靈을 비우고 예비하게 하여 그 안에서 하나님이 영원한 사역을 이루실 수 있는 귀중한 터를 발견"하시는 일입니다. 하나님은 하늘과 땅 어디에서나 전능하시지만, 이 일을 이루기 위해 인간의 협력을 필요로 하십니다. 하나님이 우리 영혼의 중심에서 빛을 발하시며 그곳에서 하나님 자신의 사역을 행하시려면, 우리가 어떻게 해야 합니까? 일어나 솟구쳐야 합니다. 본문에서 "일어나라"고 한 것은 인간이 적극적으로 협력해야 한다는 뜻을 내포합니다. 인간은 스스로 해야 할 일을 행하며, 하나님이 아닌 모든 것을 떨치고 일어나야 합니다. 즉 자기 자신 및 모든 피조물을 떠나야 합니다. 이렇게 일어날 때 그의 영혼의 중심이 자신을 하나님으로부터 분리시키는 것들로부터 벗어나 해방되고픈 갈망에 사로잡힙니다. 인간이 유한한 것들로부터 떠나는 정도에 비례하여 그 갈망이 더욱 강해집니다. 그리하여 마침내 모든 것을 버려 아무것도 남아 있지 않은 영혼의 중심이 나타날 때 그 갈망이 살과 뼈와 핏속에까지 넘쳐흐르게 됩니다.

이러한 갈망에 접할 때 사람들은 두 가지 상이한 마음을 나타냅니다. 첫째 부류의 사람들은 자연 이성 및 그것에게서 차용해 온 이미지들, 그리고 매우 사색적인 태도로 이 갈망에 접근합니다. 그렇게 되면 그들의 영혼의 중심에 혼란이 야기됩니다. 그들은 자기의 영혼에서 일어나고 있는 일을 이해하려고 노력함으로써 이 갈망을 억누릅니다. 그리고 자신의 노력으로 일종의 평화를 이끌어내는데, 그것은 거짓 평화에 불과합니다. 그들은 자신이 예루살렘이라고 생각합니다. 그들 중 어떤 사람들은 자신의 이상을 따르며, 기도와 묵상을 할 때 나름대로의 기교를 택하거나 다른 사람들의 방법을 모방합니다. 이렇게 함으로써 자신이 영혼의 중심을 예비하고 있다고 생각하며, 평화를 발견하기를 기대합니다. 그들은 자신이 예루살렘이 된 듯이 생각하여 자신의 방법을 고집하며 다른 사람들의 말을 경청하려 하지 않습니다. 안타깝게도 그것은 거짓 평화에 불과합니다. 왜냐하면 그러한 사람들은 과거의 잘못들을 고치지 않기 때문입니다. 그들은 교만, 육체적 안일에 대한 집착, 감각적인 쾌락이나 피조물에 의해서 얻는 쾌락 등을 그대로 유지합니다. 그들은 여전히 무자비하게 이웃을 비판하며, 조그만 자극을 받아도 이웃에게 증오심을 발합니다. 그들의 평화는 거짓된 것입니다. 그들은 자신의 계획만 따르기 때문에 일어나서 빛을 발하지 않으며, 그렇기 때문에 하나님이 그들 안에서 역사하실 수 없습니다. 주제넘고 오만한 태도를 버리고, 주 예수 그리스도가 겸손하게 사랑으로 걸어가신 발자취를 따라 자기부인에 매진해야 합니다. 자기 자신에 대해 죽음으로써 "일어난다"라는 것의 의미를 깨달아야 합니다.

한편 진리에 완전히 몰입하기 때문에 그 진리가 내면에서 빛을 발하는 고귀한 영혼들도 있습니다. 그들은 자신을 하나님께 완전히 맡기고 하나님이 일하실 터전을 마련하며, 이러한 자기

부인의 행위를 통해서 자신에 대한 집착을 버립니다. 집착의 대상은 자신의 일이거나 자신의 특별한 근행勤行이거나 자신이 착수한 일일 수도 있습니다. 그들은 하나님으로부터 오는 모든 것을 두려워하면서 겸손하게 받아들이며, 완전한 이탈상태에서 그것들을 다시 하나님께 맡기고 겸손히 하나님의 뜻에 복종합니다. 그들은 하나님이 주시는 것이면 무엇이든 기쁨으로 받아들입니다. 그들에게는 평화나 전쟁이 동일합니다. 제자들이 예루살렘으로 올라갈 때 주님이 하신 말씀은 이러한 사람들을 가리키는 것인 듯합니다: "내 때는 아직 이르지 아니하였거니와 너희 때는 늘 준비되어 있느니라"(요 7:6). 그들이 전혀 방해를 받지 않은 채 하나님의 뜻에 복종하기 때문에 그들의 때는 영원히 동일합니다. 그러나 하나님의 때는 알려져 있지 않습니다. 그들은 하나님이 조명해 주실 때마다 기뻐하고 인내하며 하나님을 기다립니다.

이처럼 하나님이 사역하실 터전을 예비하시는 것을 허락하는 사람들은 매우 특별합니다. 그들은 어떤 일도 자기 뜻대로 하지 않습니다. 왜냐하면 그들 역시 유혹에 넘어가기 쉽기 때문입니다. 세상에서 유혹을 받지 않는 사람은 한 사람도 없습니다. 그러나 그들은 교만, 육적인 욕망, 세속적인 애착, 분노 등을 통해서 유혹을 받을 때 즉시 그것을 하나님께 맡기고 하나님의 팔에 안깁니다. 이런 사람들은 유혹을 박차고 일어날 수 있습니다. 왜냐하면 그들 자신을 초월할 수 있기 때문입니다. 이런 사람들은 참 예루살렘이 됩니다. 그들은 전쟁 중에 평화를 느끼며 슬픔 가운데서 기쁨을 누릴 수 있습니다. 하나님이 무엇을 명하시든지 그들은 기쁨으로 받아들입니다. 이 세상의 그 무엇도 그들에게서 이 평화를 앗아가지 못합니다. 인간이나 지옥에 있는 마귀들이 평화를 빼앗으려고 덤벼들어도 그들은 빼앗기지 않을 것입니다. 그들은 하나님만 바라보며 빛으로 가득 차 있습니다. 하나님의 빛은 순결하여 어디에서나 빛나지만, 가장 깊고 어두운 곳에서 가장 밝게 빛납니다.

이런 사람들은 영광된 사람들입니다. 초자연적인 거룩한 차원으로 들어 올려진 그들은 하나님이 없이는 아무 일도 하지 못합니다. 그들 안에서 일하는 것은 그들 자신이 아니라 하나님이십니다. 그들은 복된 사람들입니다. 그들은 우주의 귀한 기둥, 온 세상의 무게를 지탱해주는 기둥들입니다. 자신이 이러한 경지에 도달했음을 발견하는 것은 영광스럽고 즐거운 일입니다.

이 두 부류의 사람들의 차이점은 다음과 같습니다. 첫째 부류의 사람들은 스스로 영혼의 중심을 예비하려 하기 때문에 그곳을 하나님께 맡기지 않습니다. 그러나 그들의 능력이 그들 자신의 죄악 속에 갇혀 있기 때문에, 이 죄악으로부터 자신을 해방시킬 수 없습니다. 그들은 심지어 자신의 자유의지를 고집하는 데서 기쁨을 느끼기도 합니다.

반면에 자기의 내면에서 하나님이 역사하시도록 허락하는 고귀한 영혼들, 자기 자신과 세상에 대해서 죽은 복된 사람들은 자신을 초월하여 높이 들려 올라갑니다. 그들은 죄악의 공격을 받을 때면 하나님께 피하여 숨습니다. 그들은 하나님의 자유 안에 거하기 때문에 죄의 공격을 받지 않습니다. 그들은 표면적인 것들을 무가치하게 여깁니다.

"솟구치다"는 "일어나다"를 의미합니다. 그것이 곧 "일"입니다. 이것이 그들에게 필요한 유일한 "일"입니다. 그들은 평생 쉬지 않고 이 일을 해야 합니다. 사람이 일어나서 자기 영을 하나님께 들어 올리고 자신의 내면 가장 깊은 곳을 하나님을 위해 비우지 않는 한 결코 온전해질 수 없습니다. 우리는 언제 어디서나 "나신 이가 어디 계시냐?"라고 물어야 합니다(마 2:2). 경외하면서 내적 성찰을 통해서 그 일을 해야 합니다. 그렇게 하면 하나님이 요구하시는 일이 무엇인지 알게 될 것입니다. 그들은 하나님이 고통을 보내셔도 달게 받을 것입니다. 하나님이 원하신다면 그들은 선을 행할 것입니다. 그들의 영혼의 중심은 그곳을 깨끗하게 하시고 예비하신 하나님을 증언할 것입니다. 하나님이 그들 영혼의 내면 깊은 곳의 유일한 통치자이시므로, 피조물은 결코 그곳에 들어가서는 안 됩니다.

하나님은 첫째 부류의 사람들 안에서는 간접적인 수단을 통해서 일하십니다. 그러나 고귀하고 복된 영혼들 안에서는 수단을 사용하지 않고 직접 일하십니다. 그러나 하나님이 직접 일하시는 영혼의 내면 중심에서 이루어지는 일이 무엇인지는 누구도 말로 표현할 수 없습니다. 그것을 경험한 사람도 침묵해야 합니다. 하나님의 소유가 된 영혼에게서는 외적인 활동이 완전히 정지되고 하나님에 대한 내적 인지認知 작용만 증가합니다. 하나님의 은혜와 자신의 열망에 의해서 이러한 경지에 도달한 사람은 주님의 말씀처럼 자신을 부인합니다: "우리는 무익한 종이라 우리가 하여야 할 일을 한 것뿐이라"(눅 17:10). 경외심을 갖지 않은 사람은 결코 온전함에 이르지 못합니다. 온전함의 절정에 이른 사람이 해야 할 말은 "주님, 당신의 뜻이 이루어지이다" 입니다. 우리 안에 애착이 조금도 남아 있지 않아야 합니다. 그렇지 않을 경우 하나님이 우리의 내면 깊은 곳에서 방해물을 발견하시게 되므로 다른 수단을 사용하지 않은 채 직접 고귀하게 하나님의 사역을 이루시지 못하게 됩니다.

사랑의 하나님, 우리로 하여금 "일어나게" 하시고, 우리 안에서 하나님의 일을 행하여 주십시오. 아멘.

근원으로 돌아가라

이 설교는 사순절 기간 중 다섯 때 토요일에 행한 것이다. 이 설교에서 타울러는 우리에게 인간의 근원으로 돌아가라고 가르치며, 또 이 근원으로 돌아가지 못하게 하는 장애물이 무엇인지 가르쳐 준다. 또 진정으로 하나님을 사랑하는 사람과 거짓 사랑하는 사람을 구분한다.

"예수께서 또 말씀하여 이르시되 나는 세상의 빛이니"(요 8:12).

주님은 "나는 세상의 빛이라"고 말씀하셨습니다. 유대인들은 이 말씀에 대해서 예수가 갈릴리 사람이므로 갈릴리 사람들의 관심사이지 자기들과는 상관이 없다고 응답했습니다. 주님은 다시 "나는 온 세상 만민의 빛이라"고 말씀하셨습니다. 이 빛은 모든 피조물을 그 근원으로 인도해줍니다. 이 빛에서 모든 빛들이 파생되어 나옵니다. 예를 들어 태양빛, 달빛, 별빛, 인간의 눈빛 등 모든 세상의 빛들이 이 빛에서 나옵니다. 인간의 지성의 빛 등 영적인 빛들도 모두 이 빛에서 나옵니다. 피조된 빛이 피조된 것이 아닌 본래의 빛을 반영하지 않는다면, 그것은 온 세상을 밝혀주는 참되고 본질적인 빛과 반대되는 어둠에 거하게 됩니다.

사랑의 주님은 이렇게 말씀하십니다: "나의 빛에 반대되는 너의 빛, 실제로는 어둠에 불과한 너 자신의 빛을 버려라. 너 자신을 어둠으로 만들라. 그러면 내가 내 빛을 네게 줄 것이다. 그 빛이 나의 것이요 나의 존재요 생명이며 나의 기쁨과 즐거움이듯이 너에게도 그러할 것이다." 주님은 "아버지여, 아버지께서 내 안에, 내가 아버지 안에 있는 것같이 그들도 다 하나가 되어 우리 안에 있게 하사 세상으로 아버지께서 나를 보내신 것을 믿게 하옵소서"라고 기도하셨습니다(요 17:21). 이것은 자연적으로 되는 것이 아니라 은혜로 되는 일입니다.

모든 원소元素들은 본래의 근원으로 돌아가려는 경향을 갖고 있습니다. 이것이 모든 피조물에게 적용되는 진리입니다. 돌을 던지면 아래로 떨어지고, 불길은 위로 치솟습니다. 이것은 가장 고귀한 피조물, 하나님이 지으신 것들 중에서 가장 경이로운 존재인 인간에게도 적용됩니다. 하나님은 인간을 위해서 하늘과 땅 등 모든 것을 지으셨습니다. 그러니 어찌 인간이 자기 일에만 몰두하여 자신의 영원한 근원, 목표, 그리고 빛에게로 돌아가지 않을 수 있겠습니까?

여기에서 두 가지를 생각해 보아야 합니다. 첫째로 인간이 어떻게 근원으로 돌아가며, 걸어가야 할 길은 무엇이며, 목적지에 이르기 위해 어떤 수단을 사용해야 하는가를 생각해야 합니다. 둘째로 인간이 목표를 이루지 못하도록 방해하는 장애물이 무엇인지 생각해 보아야 합니다. 우리가 말할 수 없이 고귀한 선을 추구하려 할 때 무서운 장애물들이 우리를 붙잡아두고 발걸음을 되돌리게 만들려 합니다.

두 종류의 사람들이 이 두 가지 장애물의 방해를 받습니다. 첫째는 마음이 세속적인 사람, 피조물이나 감각적인 쾌락과 만족을 추구하는 사람들입니다. 이들은 자신의 능력과 감각을 낭비하며, 시간을 온통 그러한 일에 빼앗깁니다. 그들은 어둠 속에서 생활하며, 빛과 반대되는 것을 나타냅니다.

한편 그들과는 다른 사람들, 경건한 생활에 전념하며 사람들로부터 좋은 평판과 존경을 받는 사람들이 있습니다. 그들은 스스로 어둠에서 멀리 떠났다고 확신하지만 여전히 이기심과 자기 고집으로 가득 차 있기 때문에 근본적으로 바리새인들입니다. 그들의 노력의 초점은 자신에게 맞추어져 있습니다. 표면적으로 볼 때 그들과 참 하나님의 친구들을 거의 구별할 수 없습니다. 왜냐하면 그들은 종종 참 하나님의 친구들보다 더 많은 시간을 경건한 일에 할애하기 때문입니다. 우리는 그들이 금식하고 규율을 지키며 항상 기도문을 외우고 있는 모습을 볼 수 있습니다. 따라서 표면적인 것을 보고 판단한다면 그들의 참 모습을 알기 어렵습니다.

그러나 마음속에 하나님의 영이 거하는 사람들은 그들이 어떤 사람인지 알 수 있습니다. 표면적으로도 그들을 식별할 수 있는 방법이 있습니다. 참으로 하나님을 사랑하는 사람들은 자기 자신만을 판단하지만 그들은 항상 다른 사람들, 즉 하나님을 사랑하는 사람들을 판단할 뿐 결코 자기 자신을 판단하지 않습니다. 이러한 사람들은 하나님과 그 피조물 등 모든 것에서 자신의 만족만 추구합니다. 그들의 본성은 바리새적 경향에 파묻혀 있으며 영혼의 구석구석에까지 스며들어 있습니다. 자연적인 방법으로는 이 습관을 극복할 수 없습니다. 그렇게 하는 것은 마치 달걀로 바위를 치는 것과 같습니다. 그것을 극복하는 유일한 방법은 하나님께서 그 사람을 맡으시고 그 안에 거하시는 것입니다. 그러나 하나님은 하나님을 사랑하는 사람들을 위해서만 이러한 일을 행하십니다.

안타깝게도 세상에는 이기적인 사람들이 가득하며, 이로 인해 곳곳에서 끊임없이 문제들이 발생하고 있습니다. 많은 사람들이 위험하게도 하나님께 큰 불의를 행하는 것을 볼 때 하나님을 사랑하는 사람들은 답답해하며 낙심합니다.

이 모든 것을 고려해볼 때 영적인 노력의 필요성을 분명히 깨닫게 됩니다. 우리는 평생 이기심과 싸워야 합니다. 이기심이 결코 완전히 정복되지는 않을 것입니다. 그것은 정말 무서운 장애물입니다. 그것은 우리로 하여금 참 빛을 발견하지 못하게 하고, 근원으로 돌아가지 못하게 합니다. 이러한 경향이 두드러진 사람들은 자신의 본성적인 빛을 고수하려 애쓸 것입니다. 왜냐하면 본성적인 이성의 빛이 무한히 큰 세상적 즐거움과 만족을 주기 때문입니다. 이교도들도 이것을 깨닫고 있지만 이 본성적인 빛에 집착하여 거기서 헤어나지 못하기 때문에 영원한 어둠 속에 머물게 됩니다. 이것이 참 빛을 발견하지 못하게 하는 장애물입니다.

우리는 자신의 근원인 참 빛으로 인도해주는 지름길을 발견하는 데 전념해야 합니다. 자기를 부인하고 하나님만을 철저히 사랑하고 귀중히 여김으로써 이러한 상태에 이를 수 있습니다. 우리 자신의 영광이 아닌 하나님의 영광을 구해야 합니다. 한 치의 양보도 없이 오로지 하나님에게서만 모든 것을 구하려 해야 합니다. 간접적으로 하지 말고 직접 모든 것을 하나님께 되돌려 드려야 합니다. 그렇게 하면 하나님과 우리 사이에 통로가 생깁니다. 이 통로를 통해 하나님이 우리에게 오실 수 있고 우리는 하나님께 갈 수 있습니다. 이것이 참 지름길입니다. 이것이 참 하나님의 친구들과 거짓 친구들을 분리하는 분수령입니다. 참 하나님의 친구들은 순결한 목적, 사랑과 감사, 완전한 자기망각과 자기부인을 통해서 하나님이 주신 선물들을 다시 하나님께 맡깁니다. 이것이 하나님의 참 친구의 표식입니다.

그러나 하나님의 거짓 친구들은 모든 것을 자기 자신에게 맡깁니다. 이처럼 하나님의 참 친구라는 표식을 지니고 있지 않으며 또 찾으려 하지도 않는 사람들, 그리고 죽는 순간에도 자신에게만 몰두하는 사람들은 참 빛을 보지 못할 것입니다. 이것은 정말 무섭고 멸망 받을 것입니다. 이것을 깨닫지 못하는 사람들은 하나님을 발견하기를 원해야 하는 곳에서 본성만을 발견합니다.

우리가 큰 고통을 당할 때에 자신이 참으로 하나님을 사랑하고 있는지 아닌지 알 수 있습니다. 참된 하나님의 친구들은 하나님 안에서 피난처를 구하며, 하나님을 위하여 모든 고난을 받아들입니다. 그리하여 하나님과 함께, 하나님 안에서 고난을 받습니다. 또 하나님과의 사랑의 연합 상태에 몰입하기 때문에 고통이 변하여 기쁨이 됩니다.

그러나 거짓 영을 가진 사람들은 전혀 다릅니다. 그들은 고통을 당할 때 어찌할 바를 몰라 우왕좌왕합니다. 그들은 도움이나 위로나 조언을 얻으려 하지만 그것을 얻지 못하면 절망합니다. 이런 사람들은 내면의 중심에서 하나님을 발견하지 못하기 때문에 그 임종이 어떤 모습일지 매우 의심스럽습니다. 그들은 모퉁이 돌이신 그리스도 위에 집을 세우지 않았으므로 깊은 수렁에 빠질 수밖에 없습니다.

이런 사람들은 주님이 살아 계실 때 주님을 따랐던 사람들이 행한 것처럼 스스로를 악하다고 생각하며 두려워하며 겸손하게 생활하는 평범한 속인들보다 수천 배나 더 불쌍한 사람들입니다. 바리새인과 제사장과 서기관들은 겉보기에 거룩한 사람들이었지만 주님을 대적하여 십자가에 달리게 했습니다. 그런 사람들에게는 말이 소용이 없습니다. 그들은 간음한 여인을 돌로 치려 한 바리새인들처럼 도망치거나 싸우려 할 것입니다. 그들은 자기의 잘못을 인정하려 하지 않았습니다. 제일 먼저 돌아선 사람들이 학자들과 장로들이었고, 마침내 모두 떠나갔습니다

(요 8:1). 단순하고 무식한 사람들은 자기의 잘못을 인정하므로 그들을 돕고 권면하는 일이 훨씬 쉽습니다. 자신을 죄인이라고 생각하고 두려워하며 겸손하게 생활하는 사람에게는 선한 권면을 할 수 있습니다.

사랑의 하나님은 이처럼 많은 장애물들을 극복하게 해주시려고 우리에게 큰 도움과 위로를 주십니다. 독생자를 주셔서 그분의 거룩한 생활, 완전한 덕, 모범, 가르침, 친히 겪으신 많은 고난을 통해서 우리로 하여금 자신을 버리게 하셨으며, 참되고 본질적인 빛 속에서 우리 자신의 어두운 빛을 끄게 하셨습니다. 하나님은 우리에게 거룩한 많은 성례, 즉 세례와 성유聖油를 주셨고, 또 우리가 타락할 경우를 대비하여 고백성사와 회개를 주셨습니다. 그리고 성찬을 주셨고, 임종을 위해 종부성사를 주셨습니다.

우리를 근원, 출발점으로 돌아오게 하시려는 치료책과 지원은 매우 강력합니다. 어거스틴은 "위대한 태양이 친히 작은 태양을 만드셔서 그것을 구름으로 가려 놓으셨으니, 이는 그 빛을 보이지 않게 하려는 것이 아니라 완화시켜 우리로 바라볼 수 있게 하려는 것이다"라고 말했습니다. 위대한 태양은 하늘 아버지이십니다. 이 하늘 아버지께서 작은 태양, 곧 성자를 탄생시키셨습니다. 성자는 신성神性으로는 성부와 동일하지만, 인성人性에 의해서 자신을 성부보다 못하게 하셨습니다. 이는 자신을 숨기시려는 것이 아니라 우리를 위해 자신의 밝음을 억제하여 우리로 하여금 그분을 바라볼 수 있게 하려는 것이었습니다. 그는 이 세상 모든 사람들을 밝혀주는 참 빛이십니다. "빛이 어둠에 비치되 어둠이 깨닫지 못하더라"(요 1:5).

고집과 이기심을 벗어버린 사람, 영적으로 가난한 사람만 이 빛을 받을 수 있습니다. 이 빛을 한 번도 보지 못한 채 물질적인 빈곤 속에서 40년을 살아온 사람들이 많습니다. 그들은 빛이 무엇인지를 이해하며 감성으로 그것을 납득하고 지성으로 파악합니다. 그러나 그들의 영혼 깊은 곳에서는 그 빛이 소외되고 조화를 이루지 못합니다.

사랑하는 성도들이여, 이 참 빛을 보기 위해서 육과 영의 온 힘과 정성을 기울이십시오. 그러면 밝게 빛나는 근원으로 돌아갈 수 있을 것입니다. 근원을 갈망하십시오. 그것을 얻기 위해 기도하십시오. 힘껏 노력하고 애쓰십시오. 하나님을 사랑하는 사람들에게 도움을 청하십시오. 하나님께 매달려 있는 사람들에게 매달리십시오. 그러면 그들이 당신을 하나님께 끌고 갈 것입니다.

자비하신 하나님, 우리가 이 일을 이루도록 도와주십시오. 아멘.

하나님을 향한 사랑의 갈망

이 설교는 종려주일 월요일에 행한 것으로서 요한복음에 기록된 예수님의 수난을 주제로 하고 있다. 이 설교에서 타울러는 영혼이 느끼는 하나님을 향한 사랑의 갈망을 설명하며, 또 인간에게 많은 유혹이 따른다는 점을 보여준다.

"누구든지 목마르거든 내게로 와서 마시라"(요 7:37).

명절 끝날 곧 큰 날에 예수님은 "누구든지 목마르거든 내게로 와서 마시라"고 외치셨습니다. 이것은 주님의 수난이 임박했을 때의 일입니다. 이 말씀을 읽으면서 큰 슬픔과 연민과 감사를 느끼지 않을 수 없습니다. 우리의 주요 아버지이신 하나님께서 큰 모욕과 고통을 당하셨으므로, 그분의 친구로 여김을 받으려는 사람은 그분과 함께 고난을 받으려 해야 합니다. 주님의 발자취를 따름으로써 주님처럼 될 수 있는 영광과 기쁨을 얻게 됨을 기뻐해야 합니다.

"누구든지 목마르거든"은 무엇을 의미합니까? 성령이 영혼 안에 임하시면 영혼 안에 뜨거운 사랑의 불길이 타오르게 됩니다. 그 사랑의 열기로 영혼이 타오르게 되는데 이때 하나님을 향한 목마름과 사랑의 갈망이 일어납니다. 종종 피조물에 대한 혐오감과 슬픔에 젖어 있어서 자신에게 무슨 일이 일어나고 있는지 알지 못하는 사람도 있습니다.

갈망에는 세 종류가 있으며, 사람에 따라 각기 다른 현상이 나타납니다. 첫째는 초심자에게 나타나는 유형이며, 둘째는 어느 정도 영적으로 성장한 사람에게 나타나는 유형입니다. 셋째는 이 세상에서 가능한 완전에 이른 사람이 느끼는 갈망입니다.

(1) 초심자의 갈망

다윗은 "하나님이여 사슴이 시냇물을 찾기에 갈급함 같이 내 영혼이 주를 찾기에 갈급하니이다"라고 노래했습니다. 사냥개에게 쫓겨 숲과 언덕을 넘어 도망치는 사슴은 속에서 열이 나고 갈증을 느끼게 됩니다. 이때 사슴은 다른 어떤 동물들보다 더 애타는 갈증을 느낍니다. 방금 세속을 버리고 돌아서서 영성생활을 시작한 초심자들도 사냥개에게 쫓기는 사슴처럼 유혹의 추격을 받습니다. 특히 자신의 크고 중한 죄들의 추격을 받습니다. 그것들은 치명적인 것들로서 일곱 가지입니다. 그것들은 그들이 세상에 있을 때 알고 있었던 그 무엇보다 더 강하고 난폭한 유혹들을 가지고 영혼을 추격합니다. 영혼은 영성생활을 시작하기 전에는 유혹에 대해 거의 알지 못했지만, 이제는 자신이 유혹의 추격을 받고 있음을 압니다. 그렇기 때문에 솔로몬은 이렇게 말했습니다: "내 아들아 너는 듣고 지혜를 얻어 네 마음을 바른 길로 인도할지니라."

유혹의 추격이 지독하고 맹렬할수록 하나님을 향한 우리의 목마름도 심해집니다. 그런데 때로 사냥개들 중 한 마리가 사슴을 덮쳐서 물어뜯을 때도 있습니다. 그때 사슴은 사냥개를 떨쳐버리려고 나무가 있는 곳으로 가서 나무에 사냥개를 부딪치게 하여 그 머리를 다치게 합니다. 우리도 그렇게 해야 합니다. 만일 우리가 사냥개, 즉 유혹을 이길 수 없음을 깨닫는다면, 서둘러 고난 받으신 우리 주님 및 십자가에게로 달려가서 유혹, 즉 사냥개의 머리를 그곳에 부딪치게 해야 합니다. 그렇게 함으로써 그것들을 모두 극복하고 자유롭게 될 수 있습니다.

(2) 영적으로 성장하고 있는 신자들의 갈망

사슴이 큰 사냥개를 이긴 후에도 주변에 있는 작은 사냥개들이 덤비려고 합니다. 사슴은 이 작은 사냥개들을 그리 경계하지 않습니다. 그러나 작은 사냥개도 사슴에게 상처를 입혀 큰 피해를 줄 수 있습니다. 우리에게도 동일한 일이 일어납니다. 우리는 자신의 크고 무거운 죄를 정복한 후에는 작은 사냥개들에게 거의 주의를 기울이지 않습니다. 작은 사냥개란 피상적인 관심사들, 무익한 일에 몰두하는 것 등 온갖 사소한 일들을 의미합니다. 이것들이 우리의 마음을 어지럽게 하고, 참된 내향성에 도전하여 우리에게 작은 상처를 입힙니다. 그것들은 우리 영혼 안에 있는 거룩한 생명을 약하게 하고, 결국 사랑과 은혜를 감소시킵니다. 이로써 우리를 하나님께로 이끌어주는 갈망이 식게 되며, 경외심과 찬양하는 마음이 점차 약해집니다.

그러므로 실제로 작은 유혹들이 큰 유혹들보다 훨씬 더 위험합니다. 그것들이 악하다는 것을 알고 있으면 경계하겠지만, 조그만 악마의 발톱은 경계할 필요가 없는 하찮은 것으로 보이는 법입니다. 그러나 우리가 악하다고 생각하지 않는 것이 뜻밖에 훨씬 치명적인 피해를 줍니다. 그러므로 세속적인 일, 우리가 그리 주의를 기울이지 않는 일, 그리고 허영심 등이 우리에게 치명적인 피해를 줍니다.

사슴이 자신을 추격해오는 사냥개들의 열기를 느낄 때 그 목마름이 더욱 커집니다. 우리도 유혹에 크게 억눌릴 때 이렇게 해야 합니다. 우리는 진리요 평화이시며 공의와 위로가 되시는 하나님을 향한 이끌림과 목마름을 느껴야 합니다.

사냥꾼은 사슴을 목마르게 만든 뒤에 사냥개를 억제하기 위해서 약간의 먹이를 줍니다. 사슴이 새로 기운을 내어 추격에 임하게 하기 위해서 갈증을 식힐 기회를 주는 것입니다. 주님도 우리를 이렇게 다루십니다. 주님은 우리가 유혹과 압박 때문에 지치면 잠시 추격을 늦추시고 신적인 달콤함을 한 모금 맛보게 해주십니다. 이 한 모금을 맛봄으로써 우리는 다시 힘을 얻습니다. 그리하여 우리는 하나님이 아닌 것들에게 관심을 두지 않게 되며 위험을 완전히 극복한 것처럼 보입니다. 이 휴식은 계속해서 다가오는 도전을 감당할 수 있는 활력을 주려는 의도로 주어집니다. 우리가 전혀 예상치 못하고 있을 때 사냥개들은 전보다 더 사납게 우리를 추격합니다. 그러나 이제 우리는 힘을 얻었기 때문에 보다 잘 도망칠 수 있습니다.

하나님은 우리를 매우 사랑하시며 우리에게 관심을 갖고 계시기 때문에 이 모든 일들이 일어나는 것을 허락하십니다. 하나님은 영혼을 곤경에 빠뜨려 마침내 하나님 외에 다른 길이 없음을 깨닫게 하십니다. 하나님 안에 평화와 진리와 위로가 있음을 깨닫게 하십니다. 이러한 고통을 허락하심으로써 우리의 갈증을 해소시켜주는 한 모금의 감로수가 영원히 달콤하고 향긋하게 느껴지게 하십니다. 장차 우리는 가장 달콤한 샘물, 하나님 아버지의 가슴이라는 수원지水源池에서 물을 마시게 될 것입니다. 지금 이 세상에서는 이 한 모금의 감로수가 우리에게 위로를 주고, 하나님을 위한 것이라면 어떤 시련도 기쁘게 인내할 수 있게 해줍니다.

사냥개들의 추격을 피하여 물가에 도착한 사슴은 마음껏 물을 마십니다. 우리도 주님의 도움을 받아 크고 작은 사냥개들을 떨쳐 버리고 목마른 마음으로 하나님께 나아가 거룩한 샘물을 마음껏 마십니다. 그리하여 하나님으로 가득 차게 되면 넘치는 축복 속에서 우리 자신을 잊고 놀라운 일을 행할 수 있습니다. 불이나 물이나 수천 개의 칼 속도 지나갈 수 있다고 생각합니다. 죽음을 두려워하지 않으며, 슬픔과 두려움을 동일하게 여기게 됩니다. 우리는 몰아의 상태에 이릅니다. 종종 어떤 사람들은 이러한 상태에서 큰 소리를 치거나 노래를 부르거나 웃기도 합니다.

그러나 이성적인 사람들은 성령의 놀라운 사역 방법을 알지 못하며 자연의 질서를 벗어난 일을 전혀 알지 못합니다. 그들은 "하늘이여, 왜 당신은 이렇게 우스꽝스러운 방법으로 운행합니까?"라고 외칩니다. 그들은 그 안에서 하나님의 손을 보지 못합니다.

이 상태가 지나간 후에는 말할 수 없는 기쁨이 임합니다. 그들은 참 평안과 기쁨이 가득하여 자신에게 무슨 일이 일어나며 어떤 일이 행해지든지 상관하지 않습니다. 이는 그들의 내면에서 일어난 사랑의 불이 타오르는 불꽃이 되어 축복으로 그들을 불살라버리기 때문입니다.

(3) 온전함을 이룬 사람들의 갈망

하나님이 우리의 내면에서 강력하고 뜨겁게 역사하시기 때문에 감당할 수 없어서 죽을 것같이 느끼는 때가 있습니다. 많은 사람들이 그 때문에 죽어갑니다. 그들은 이 크고 놀라운 사역에 굴복하며, 그들의 본성은 그것을 견딜 수 없어 무너지고 맙니다.

사랑의 주님은 사람들이 이렇게 굴복하여 그 속에 빠져 익사하는 것을 보실 때 좋은 포도주를 많이 저장해둔 선한 아버지처럼 행하십니다. 아버지가 잠든 사이에 자녀들이 지하실에 내려가서 포도주를 마시고 취했습니다. 잠에서 깨어나 어떤 일이 있었는지 알게 된 아버지는 회초리로 아이들을 때렸고 아이들은 포도주를 마시고 즐거웠던 것만큼 슬퍼했습니다. 그런 후에 아버지는 아이들에게 물을 충분히 마시게 하여 정신을 차리게 해주었습니다. 하나님도 이렇게 행하십니다. 하나님은 잠든 척하시면서 친구들이 하나님의 풍성한 것들을 마음껏 가져가게 하십니다. 그러나 그것이 그들에게 유익이 되지 못한다는 것, 그리고 그들이 능력 이상으로 가져갔다는 것을 알게 되시면, 하나님은 그들에게서 독한 포도주, 즉 감정적인 위로를 제거하시고 전에 느낀 즐거움만큼의 슬픔을 겪게 하십니다. 그리하여 그들의 즐거운 체험은 사라지기 시작합니다.

이것은 매우 안타까운 일입니다. 포도주를 마셨던 일이 지금 그들에게 무슨 소용이 있습니까? 그들은 목이 마를 때 필요한 만큼 충분히 마실 수 있었습니다. 하나님은 이렇게 하심으로써 포로가 된 피조물들이 빠지기 쉬운 불행에서 해방시켜 주시고 그들로 하여금 자신을 벗어나게 하셨습니다. 그런데 그들이 무절제하게 마셨기 때문에, 하나님은 그들로 하여금 정신을 차리게 해주어야 할 필요를 느끼셨습니다. 이제 그들은 정신을 차려 자신의 능력과 존재 목적을 알고 신중한 태도를 취하게 되었습니다. 전에는 매사에 치우쳐 행했지만 이제는 중용을 지키게 되었습니다. 그들이 자신의 능력으로만 일해야 하므로 작은 일이라도 어렵게 간신히 해내지만, 자신의 능력과 한계를 깨달았기 때문에 평온하고 절제하며 평안을 누릴 수 있습니다.

그러나 폭풍우와 같은 감정들을 동반하는 이 과정이 저급한 능력들 속에서 발생하므로, 하나님은 결코 이런 곳을 자신의 처소로 삼지 않으십니다. 그곳은 하나님이 거하시기에 적절한 곳이 되지 못합니다. 그곳은 매우 좁고 제한되어 있으며 하나님이 영광스러운 사역을 행하시기 위해 움직일 수 있는 공간을 제공하지 못합니다. 하나님은 인간의 고귀한 능력 안에 거하려 하시며, 그곳에서만 일하십니다. 하나님은 자신의 형상과 모양을 알 수 있는 그곳을 거처로 삼으십니다. 그러므로 참으로 하나님을 알고자 하는 사람은 이런 곳을 찾아야 합니다.

이곳에 이른 사람은 이제까지 두루 다니며 찾던 것을 발견합니다. 이제 그의 영은 본성적인 능력을 벗어나서 사막으로 이끌려갈 것입니다. 그 사막은 말로 표현할 수 없는 곳입니다. 그곳은 거룩한 선이 모든 특징들보다 탁월하게 드러나는 불가해한 어둠입니다. 영혼은 단순한 통일성이라는 하나님의 단일성 속으로 인도되며, 대상물과 자신의 감정들 간의 차이를 이끌어내는 능력을 상실합니다. 이러한 통일의 상태에서 다양성이 상실됩니다. 그곳은 다양성을 통합하는 곳입니다.

이러한 일을 경험하고 돌아온 사람의 지각知覺 작용은 전보다 분명하고 훌륭합니다. 이는 그의 지각이 통일성과 단순성에서 비롯된 것이기 때문입니다. 이제 그는 진리와 관련된 신조들의 특성—성부와 성자와 성령이 한 분 하나님이심—을 이해할 수 있습니다. 이러한 특성을 초월하여 연합에 이른 사람들만이 이 특성들을 이해할 수 있습니다. 이 상태를 불가해한 어둠이라고 말하지만, 그것은 본질적으로는 빛입니다. 그것은 이해할 수 없는 고독한 광야입니다. 그곳이 모든 방법과 양식과 생명을 초월한 곳이기 때문에, 그곳에서는 누구도 길을 찾을 수 없습니다.

이 "어둠"은 다음과 같이 이해되어야 합니다: 그것은 피조물의 이성의 이해를 초월하는 것이며 접근하기 어려운 빛입니다. 그것에게로 인도해주는 본성의 길이 없기 때문에, 그것은 광야입니다. 영은 이 광야에서 자신을 초월하고, 모든 이해와 인식의 능력을 초월하며, 참되고 본질적인 원천에서 흘러나오는 물을 마십니다. 강으로 돌아오기 전의 순수함을 잃지 않은 수원지의 물은 깨끗하고 신선하고 달콤합니다. 영혼은 이 수원지에서 맛있고 깨끗한 물을 마실 수 있게 됩니다. 영혼은 힘껏 이 물속 깊이 잠수합니다. 영혼은 보다 깊이 들어가려 하지만, 이 세상에 살고 있기 때문에 그렇게 하지는 못합니다. 시냇물이 땅 위를 흐르다가 땅 속으로 스며들듯이, 영혼은 내면의 중심 깊은 곳으로 들어가서 자신을 상실합니다.

이러한 절정에 도달하여 하등 능력이 활동하지 않게 되고 고등 능력도 정지될 때 인간의 갈망은 무익한 것이 됩니다. 영적 교만과 방종이 자리 잡지 못하게 하려면 하등 능력이 제자리를 지켜야 합니다. 영적 교만에 빠진 사람은 자기만족의 상태에 머무르며 옛 습관을 그대로 지닙니다. 그에게는 전혀 변화가 일어나지 않습니다. 그는 겸손히 하나님의 뜻에 복종해야 합니다. 하나님은 우리가 모든 유익한 것들로부터 근본적으로 이탈하기를 기대하십니다. 즉 순결한 의도, 피조물의 근성을 벗어버림, 부담 없고 단순한 영, 그리고 내적으로나 외적으로 평정을 기대하십니다. 이러한 상태가 영혼을 하나님과 더욱 친근하게 만들어주며, 궁극적으로 복된 존재가 되게 해줍니다.

이제 이 모든 것의 의미를 이해하시겠습니까? 하나님이 우리 영혼을 오솔길로 인도하시며 하나님의 사역 속에서 자신을 계시하시는 것을 이해하시겠습니까? 영혼이 처음에는 하나님의 것을 맡았지만 하나님의 것을 소유할 수 없기 때문에 그것을 잃게 된다는 것을 이해하시겠습니까? 어째서 영혼이 우울하게 되고 병들고 안정을 이루지 못하게 되었습니까? 그러나 이제 영혼은 자신 및 자신의 능력을 초월하여 높이 들려 올라가는 복된 상태로 이끌려갑니다. 이전과는 완전히 상태가 달라져서 하나님이 자신을 영혼에게 맡기시며 영혼은 조화 속에서 질서를 이루게 됩니다. 그러므로 아가서에서 연인은 이렇게 말합니다: "그가 나를 인도하여 잔칫집에 들어갔으니 그 사랑은 내 위에 깃발이로구나"(아 2:4).

하나님은 사랑을 명하셨습니다. 그분은 놀랍고 경이로운 오솔길을 따라 자신이 거하시는 내면 깊숙한 곳으로 연인을 인도하셨습니다. 그곳에서 영혼이 대면한 것은 감각을 초월하는 것이었습니다. 이성으로는 그것에 접근하지 못합니다. 누구도 그것을 파악하거나 이해할 수 없습니다. 그것은 영생을 미리 맛보는 일입니다.

택하신 사람들을 부드럽게 다루시는 하나님의 인자하심과 선하심을 보십시오. 하나님은 우리가 하나님에게 나아가고 하나님을 갈급해 하기를 원하십니다. 그런 까닭에 "누구든지 목마르거든 내게로 와서 마시라!"고 말씀하십니다. 하나님은 이처럼 우리가 목말라 하기를 갈망하시며 또 그 갈망을 충족시키려는 욕망이 강력하시므로, 이 물을 함께 마시는 사람들의 배에는 영생으로 흐르는 생수의 강이 흐를 것입니다.

"배"는 무엇을 말합니까? 배가 음식물을 받아들여 영양분을 온 몸의 지체들에게 분배하여 힘을 얻게 해주듯이, 영혼이 마시는 고귀한 생수는 하나님의 열망에 의해서 모든 지체들, 즉 우리의 모든 생명과 존재 속에 퍼집니다. 그리하여 우리의 모든 행동이 완전한 조화 속에서 질서를 이루게 됩니다. 또 내면의 질서가 표면에 반영됨에 따라 그는 융성하고 증대하고 성장하여 하나님의 뜻 안에 들어갑니다. 그리하여 계속 성장하여 영생에 이릅니다.

하나님, 우리 모두가 영생에 이르도록 도와주십시오. 아멘.

6

썩은 물웅덩이

이 설교는 예수님의 승천에 관한 설교이다. 타울러는 주님에게서 마음이 완악하고 의심이 많다고 꾸짖음을 받은 사람들의 피상적인 관심을 철저하게 책망하며 그들을 썩은 물이 가득한 웅덩이에 비유한다.

"열한 제자가 음식 먹을 때에…"(막 16:14).

열한 제자가 함께 있을 때 주님이 나타나셔서 그들의 믿음 없는 것과 마음이 완악한 것을 꾸짖으셨습니다. 비록 처지는 각기 다르지만 모든 사람의 불신앙과 완악한 마음을 주님은 매일 매시간 이렇게 꾸짖으십니다. 특히 교회법에 따라 조직된 수도회, 베긴Beguine들, 또는 수녀회 등에 속해 있는 신자들을 꾸짖으십니다. 주님의 꾸짖음을 경청할 준비가 되어 있을 때 주님은 그들의 마음속에서 말씀하시며, 때로는 그들의 교사를 통해서 꾸짖으십니다.

불신앙이나 완악한 마음을 지니고 있는 신자들이 꾸짖음을 들어야 합니다. 하나님이 그들을 택하여 경건한 생활을 하라고 부르신 것은 특별하고 고귀한 일입니다. 그러므로 그들은 하나님께 사랑과 감사를 드려야 합니다. 그런 사람들이 신실하지 못하고 마음이 완악할 때 주님은 그들을 꾸짖으십니다. 주님의 꾸짖음을 받아들여 자신의 잘못을 깨닫고 죄를 고백하기만 하면 그들은 구제책을 발견할 수 있을 것입니다.

야고보는 "행함이 없는 믿음은 죽은 믿음"이라고 가르쳤고 그리스도는 "믿고 세례를 받는 자는 구원을 얻을" 것이라고 말씀하셨습니다. 우리는 모두 입으로 신앙을 고백합니다. 사도 바울은 "무릇 그리스도 예수와 합하여 세례를 받은 우리는 그의 죽으심과 합하여 세례를 받은 줄을 알지 못하느냐?"라고 말합니다(롬 6:3). 성 어거스틴은 "불타는 사랑과 선한 행위로써 하나님께 달려가지 않고 입으로만 믿노라 하는 것은 참 신앙이 아니다"라고 가르쳤습니다. 여기에서 불신앙이란 "주님, 주님은 나의 하나님이십니다. 저는 오직 주님에게서만 행복을 느낍니다"라고 말하지 않고 피조물에 정신을 빼앗기거나 피조물을 의지하는 것입니다. 다시 말해서 살아 있는 참 믿음에서 떨어져 나가는 것입니다. 이것은 특히 영적으로 좋은 평판을 받고 의식적으로나 무의식적으로 마음 깊은 곳에서 역사하시는 하나님의 손길을 느꼈던 사람이 그 모든 것에서 떨어져 나온 것을 말합니다.

주님은 이런 사람들을 마음이 완악하다고 꾸짖으십니다. 하나님의 특별한 부르심을 받은 사람이 점차 무관심해져서 기도나 선한 연습 등 거룩한 일에 대한 매력을 잃는 것은 두려운 일입니다. 그들은 다른 일에서는 기쁨을 느끼지만 하나님을 향해 설 때에 마음이 돌처럼 굳어집니다. 하나님이 선지자 에스겔을 통해서 하신 말씀이 이런 사람들을 두고 하신 말씀입니다: "내가 그들에게 한 마음을 주고 그 속에 새 영을 주며 그 몸에서 돌 같은 마음을 제거하고 살처럼 부드러운 마음을 주어"(겔 11:19). 대체 무엇이 그들의 마음을 냉담하고 메마르게 만들었기에 그들이 매력을 느껴야 할 것들을 지겹게 여기게 되었습니까? 그들의 마음이 하나님이 아닌 것, 즉 자기 자신이나 그 밖의 것들을 소중하게 여겼음이 분명합니다. 문제는 그런 사람들이 하나님의 꾸중을 받아들이려 하지 않는다는 데 있습니다.

그런 사람들에 대해서 하나님은 예레미야를 통해서 말씀하셨습니다: "너 하늘아 이 일로 말미암아 놀랄지어다 심히 떨지어다 두려워할지어다 여호와의 말씀이니라 내 백성이 두 가지 악을 행하였나니 곧 그들이 생수의 근원 되는 나를 버린 것과 스스로 웅덩이를 판 것인데 그것은 그 물을 가두지 못할 터진 웅덩이들이니라"(렘 2:12-13). 웅덩이에는 외부로부터 물이나 빗물이 흘러들어 가지만 땅 속에서 물이 솟아오르지 않기 때문에 물이 썩고 부패하게 됩니다. 하나님은 하늘과 땅과 모든 피조물 앞에서 이것이 큰 죄라고 한탄하셨습니다. 하나님께서 한탄하시는 이 백성은 누구입니까? 그들은 하나님의 백성, 종교생활을 하는 사람들입니다. 그들이 생수를 버렸기 때문에 그들의 영혼 깊은 곳에 생명이나 불빛이 거의 존재하지 않고 천박한 것들만 존재합니다. 그들은 표면적인 일, 영적인 것이 아닌 일과 의식에 집착합니다. 그들은 밖에서 얻는 감각적인 형상들에 의지하며 안팎이 뒤집어진 생활을 하고 있습니다. 그들의 영혼의 중심에서 생수가 솟아나지 않습니다.

그들은 땅속에서 물이 솟아오르지 않은 채 모든 것이 흘러들어오지만 흘러나가지 못한 채 고여 있는 웅덩이들입니다. 이런 사람들에게 있어서 종교란 자신이 선택한 일련의 방법들과 관습들에 지나지 않습니다. 그들은 자신의 근원으로 돌아가지 않습니다. 그들은 깊은 곳을 갈망하지 않은 채 표면에 머물러 있습니다. 그들은 표면적 의식을 준수하는 것에 만족합니다. 또 스스로 만든 웅덩이에 만족하며 하나님을 갈급해하지 않습니다. 그들은 밤이 되면 잠을 자고 아침이 되면 일어나 옛적부터 지켜온

틀에 박힌 일과를 되풀이하는 것에 만족합니다. 그들은 생수의 근원을 건드리지도 않고 내버려둔 채 맹목적이고 냉담하고 완악하게 스스로 판 웅덩이에 집착합니다. 그러나 하나님은 "너는 몸을 굽혀 행음하도다"(렘 2:20)라고 말씀하시며, 이 모든 일은 "생수의 근원 되는 나를 버린 것과 스스로 웅덩이를 판 것"(렘 2:13) 때문이라고 말씀하십니다.

웅덩이 속에 흘러들어오는 것들은 모두 더러워지고 썩고 말라 버립니다. 생수의 맛을 잃어버립니다. 감각에만 관계된 것들이 영혼을 말려버립니다. 그곳에서는 교만, 이기심, 완악함, 성급한 판단, 거친 말, 못된 태도, 이웃에 대한 비판—사랑에서 우러난 꾸짖음이 아니라 지위와 편견에서 비롯된 비판—을 발견할 수 있습니다. 다른 사람의 집에 붙은 불은 끄지만 자기의 집을 불태워 없애려는 사람들이 많습니다. 이렇게 거칠고 파괴적인 사람은 집을 세 채나 소유하고 있으면서도 가난한 남자가 다가오면 그를 사기꾼이라고 부르고 가난한 여인을 베긴Beguine이라고 부를 것입니다. 정말 한심한 일입니다!

우리들은 웅덩이들입니다. 만일 우리의 말라버린 내면의 중심에서 생수가 솟아오른다면, 그렇게 사람들을 차별하지 않을 것입니다. 남들을 깎아내리지 않고, 성급하게 판단하지 않으며,

완악한 마음을 품지 않을 것입니다. 이렇게 더러운 것들은 웅덩이 속에만 있습니다.

말을 유창하게 하고 재주가 많은 문화인들도 웅덩이일 수 있습니다. 그들은 자신의 명성과 사람들에게 감동을 주는 일에 만족을 느낍니다. 그러나 진노와 파괴의 폭풍이 불어올 때, 무섭고 두려운 재앙이 닥칠 때 그들이 어떻게 될 것이라고 생각하십니까? 그들에게 믿음은 없고 탄식만 있을 것입니다.

살아 있는 믿음이 없이 거짓 경건이 가득하여 명성과 총명과 학식이라는 가면을 쓰고 살아가는 사람들은 사기행위가 가득 찬 웅덩이가 되어 마침내 마귀의 먹이가 됩니다. 마귀가 단 한 번의 도끼질로 쪼개버릴 때 그것은 먼지가 되어 흩어질 것입니다. 내면의 중심에 아무것도 없었기 때문에 흔적도 없이 사라질 것입니다. 웅덩이에 고인 물은 더러운 물이었습니다. 이런 사람들은 실제로는 아무것도 아니면서 훌륭한 것처럼 보이기를 원했던 것입니다.

형제들이여, 이 일이 언제 분명하게 나타날 것이라고 생각하십니까? 장차 내세에 이를 때 지금 제가 한 말을 기억하십시오. 종교인으로서 생활하는 사람들에게 겉치레와 허식이 많음을 나는 잘 알고 있습니다. 그들의 태도는 피상적이고 위선적이며 감각에 매여 있습니다. 세상에서 결혼생활을 하거나 과부로 사는 사람들이 이런 사람들보다 훨씬 낫습니다. 만일 하나님이 자비를 베푸셔서 결국 이 종교인들을 구원하려 하신다면, 그들은 하나님의 명령에 따라 오랫동안 호된 정화의 고통을 겪어야 할 것입니다. 그런 후에도 그들은 자신이 하나님 앞에서 멀리 떨어져 있음을 깨달을 것입니다.

형제들이여, 자신을 잘 지키십시오. 항상 자신의 내면의 중심을 조심하여 지키고, 무엇이 자신의 마음을 사로잡고 있는지 살피십시오. 하나님과 그의 피조물에게 온유하고 겸손하게 복종하십시오. 하나님은 당신들 때문에 하늘들과 땅과 모든 피조물에게 탄식하십니다. 하늘들은 천국의 마음입니다. 모든 선한 사람은 하나님의 하늘입니다. 앞에서 언급된 사람들은 내면에 하늘을 가지고 있지만 그 안에 들어가지 않습니다. 저주받은 자들의 가장 큰 고통이 바로 이것입니다. 즉 자기 안에 하늘이 있음을 알지만 그 안에 들어갈 수 없다는 것입니다.

하나님은 예레미야를 통해서 이렇게 말씀하십니다: "네가 간음하여 낯선 이를 연인으로 여기며 나를 멸시하고 낯선 이를 따라갔으나 이제 내게 돌아오라 네가 마음을 다하여 내게 돌아오면 내가 너로 하여금 참으로 회개하게 하며 너에게 생수를 부어

주리라."

말로 표현할 수 없고 상상조차 할 수 없는 하나님의 자비와 선하심을 보십시오. 우리가 허락하기만 하면, 하나님은 기꺼이 우리를 도우십니다. 우리가 하나님께 가까이 가기만 하면, 하나님은 친구에게 하듯이 우리에게 말씀하십니다. 하나님은 "네가 내게 돌아오지 아니하면 너를 심판하리라"고 말씀하십니다. 하나님이 우리보다 유리한 위치에 계시므로 이것은 심각한 도전입니다.

하나님이 당신에게 "너는 내 양이 아니다"라고 말씀하시지 않도록 조심하십시오. 하나님은 자기의 양이 하나님의 음성을 들으면 낯선 사람을 따라가지 않는다고 말씀하셨습니다. 그렇다면 하나님께서 당신이 범했다고 하시는 간음이란 무엇을 말합니까? 영적인 의미로 해석하면 그것은 당신이 감각의 세상에 머물러 있다는 의미입니다. 당신이 따라간 낯선 이, 즉 당신의 연인이란 생소한 형상들과 관념들입니다. 당신은 그것들을 지나쳐서 하나님에게 가야 하는데 오히려 그런 것들 때문에 자신을 더럽혔습니다. 그러나 주님은 "이제 내게 돌아오라. 내가 너를 맞아 네 속에 생수를 부어 주겠다"라고 말씀하십니다.

신약성경에서 주님은 두 번이나 생수에 대해 언급하셨습니

다: "누구든지 목마르거든 내게로 와서 마시라 나를 믿는 자는 성경에 이름과 같이 그 배에서 생수의 강이 흘러나오리라"(요 7:37-38). 또 사마리아의 우물가에서 어느 여인에게 이 물에 대해 말씀하십니다: "내가 주는 물을 마시는 자는 영원히 목마르지 아니하리니"(요 4:14) "네가 그에게 구하였을 것이요 그가 생수를 네게 주었으리라"(요 4:10). "주여 그런 물을 내게 주사 목마르지도 않고 또 여기 물 길으러 오지도 않게 하옵소서"(요 4:15)라고 말하는 여인에게 주님은 이렇게 말씀하셨습니다: "가서 네 남편(자기인식, 자각)을 불러 오라. 그리고 네 속에 웅덩이만 가지고 있었음을 고백하라. 그러면 네게 그것을 주리라. 너는 오랫동안 이 생수를 마시지 않고 소홀히 했다. 너에게 남편 다섯이 있었다(이것은 우리의 다섯 가지 감각을 말합니다). 너는 그들과 함께 살면서 쾌락을 위해 그들을 이용해왔고, 무절제하게 감각적인 생활에 빠져 생수를 마실 자격을 잃었다. 이제 그들을 버리고 돌아오면 내가 너를 반겨 주겠다."

하나님은 안타까워하시면서 "내가 너를 택하여 포도원을 삼았으며 네가 나를 위해 구브로의 포도주, 엔게디의 포도주를 생산하기를 기대하였노라"고 말씀하십니다. 그리고 자신의 포도원에 기울인 노력에 대해서 "내가 밭을 갈고 울타리를 쌓고 돌을 골라내었느니라"고 말씀하십니다. 하나님은 택하신 백성들에게, 그리고 온 인류에게 이렇게 말씀하십니다: "너는 쓴 포도이다. 너는 시고 쓴 포도주를 생산하였다. 또 너는 마른 가지들만 무성하여 좋은 포도주와 포도가 아니라 들포도를 냈다. 그러나 네가 돌아오기만 하면 나는 너에게 생수와 참 사랑을 부어 줄 것이다."

성 빅톨 수도원의 리차드Richard of St. Victor는 이 생수에 대한 글을 썼습니다. 그의 주장에 의하면 사랑에는 네 단계가 있습니다. 첫 단계는 "상처 입은 사랑"wounded love입니다. 이는 영혼이 하나님의 사랑의 빛 때문에 상처를 입기 때문입니다. 이 영혼은 참 사랑의 생수를 받게 되며, 이제는 거꾸로 영혼이 그의 사랑으로 하나님께 상처를 입힙니다. 아가서에서는 이러한 사랑을 이렇게 표현합니다: "내 누이, 내 신부야, 네가 내 마음을 빼앗았구나 네 눈으로 한 번 보는 것과 네 목의 구슬 한 꿰미로 내 마음을 빼앗았구나." "한 번 보는 것"은 뜨거운 마음의 시선으로 하나님만 응시하는 것을 의미하고, "구슬 한 꿰미"는 순결하고 순수한 사랑을 의미합니다. 이 사랑 때문에 하나님이 상처를 입으셨다는 말입니다.

둘째 단계의 사랑은 "포로 된 사랑"captive love입니다. 성경에서는 이 사랑에 대하여 "내가 너를 사랑의 줄로 이끌리라"고 말합니다.

셋째 단계의 사랑은 "못내 그리워하는 사랑" languishing love입니다. 이 사랑에 대해서 아가서의 신부는 "예루살렘 딸들아 너희에게 내가 부탁한다 너희가 내 사랑하는 자를 만나거든 내가 사랑하므로 병이 났다고(그리워한다고) 하려무나"(아 5:8)라고 말합니다.

넷째 단계의 사랑은 "온 마음을 사로잡는 사랑" consuming love입니다. 이에 대해서 시편에서는 "여호와여 내가 주의 구원을 사모하여 내 사랑이 소진하여 지쳤나이다"라고 말합니다.

처음 두 가지 사랑에 대해 더 생각해 보겠습니다. "상처 입은 사랑"과 관련하여 다음과 같은 비유를 들 수 있습니다. 상처받은 영혼은 돈을 벌기 위해서 배를 빌리려 하는 상인과 같습니다. 그의 마음은 온갖 종류의 상품을 싣고 가려는 욕망으로 상처를 입었습니다. 그는 배를 채우기 위해서 여기저기에서 물건들을 모아들입니다. 이것이 상처 입은 영혼이 하는 일입니다. 상처 입은 영혼은 자기의 마음을 사로잡고 있는 연인을 기쁘게 하기 위해서 자신이 수집할 수 있는 온갖 형상들, 개념들, 관습들을 자기 안에 쌓아둡니다. 그리하여 배를 가득히 채운 후에 항해를 시작합니다. 배의 주인인 이 상인은 폭풍우도 두려워하지 않습니다. 사랑으로 상처받은 사람도 그렇습니다. 그는 신격神格의 폭풍우 속에 배를 띄우고 자기의 습관대로 바람을 가지고 놀면서 나아가서 마침내 노를 버리고 깊은 바다로 갑니다. 거룩한 물결이 높아질수록 돛은 더욱 펄럭입니다. 왜냐하면 하나님이 돛들을 펴시기 때문입니다. 하나님은 그렇게 하심으로써 더 많은 수용성과 넓이를 만들어내시며, 그럼으로써 새로운 사랑의 상처를 만드십니다.

그 때 주님이 항해에 필요한 것들, 즉 돛과 돛대와 밧줄을 잘라 버리시며, 배는 폭풍 속을 질주하게 됩니다. 이제는 키나 노로 배를 멈출 수 없습니다. 이러한 사람은 스스로를 통제할 수 없게 되는데, 이것이 포로 된 사랑입니다. 이제 그는 전쟁터에서 큰 상처를 입은 기사처럼 행합니다. 상처만 입었을 때에는 도망칠 가능성이 있었지만, 포로가 된 후에는 자신을 통제할 수 없습니다. 이제 모든 행동과 생각이 그의 통제 아래 있지 않습니다. 왜냐하면 그는 자신을 사랑하는 자 및 그분의 사랑에 완전히 맡겼기 때문입니다.

영원한 사랑이시여, 우리로 하여금 웅덩이를 버리게 하

시며, 순결한 사랑의 물을 부어 주십시오. 아멘.

사로잡혔던 자들을 사로잡고

주님의 승천에 대한 이 두 번째 설교에서 타울러는 인간들의 다섯 가지 행동을 다룬다. 또 악령이 인간을 사로잡는 방법, 그리고 자유를 되찾는 방법에 대해 이야기한다.

"그가 위로 올라가실 때에 사로잡혔던 자들을 사로잡으시고"(엡 4:8).

주 예수 그리스도는 승천하실 때 사로잡혔던 자들을 사로잡으셨습니다. 이 세상에서 사람들을 사로잡고 자유를 빼앗는 다섯 가지 유형의 속박이 있습니다. 그리스도는 승천하시면서 우리를 들어 올리실 때에 온갖 속박에서 우리를 해방시켜 주십니다.

첫째 유형의 속박은 사람이 하나님과 관계없이 피조물을 사랑하고 의존하는 데 있습니다. 이것은 특히 사람을 향한 사랑에 해당됩니다. 왜냐하면 사람은 사람과 가장 가깝기 때문입니다. 이 무절제한 사랑 때문에 야기되는 손해는 아무리 강조해도 지나치지 않습니다. 그것은 사람들에게 두 가지 영향을 끼칩니다. 첫째 부류의 사람들은 이 악을 의식합니다. 그들은 괴로워하고 두려워하며 양심의 가책을 받아 후회하고 자신을 책망합니다. 이것은 건전하고 좋은 징조입니다. 왜냐하면 이것은 하나님이 그들을 버리지 않으셨음을 나타내기 때문입니다. 하나님은 그들이 먹고 마시고 있을 때에도 밤낮으로 그들을 부르고 계십니다. 그들이 귀를 막지 않고 그 부르심에 응답하기만 하면 구원을 얻을 것입니다.

어떤 사람들은 이 해로운 속박 속에서도 자유로이 살아갑니다. 그들은 귀머거리요 장님이 되었지만 자신의 독선 속에서 평안을 느낍니다. 그들은 많은 선을 행하고 찬양하고 경건한 책들을 읽고 침묵하고 경건한 행동을 하고 열심히 기도합니다. 그들이 이렇게 행하는 데에는 두 가지 목적이 있습니다. 그것은 자기의 즐거움을 위해서 하나님과 세상을 더 많이 이용할 수 있기 때문입니다. 그들의 헌신적인 태도는 사람들에게 감명을 줍니다. 때로 그들은 눈물을 흘리며, 그렇게 하면서 만족을 느낍니다. 이런 사람들의 상태는 정말 위험합니다. 왜냐하면 그 상태는 마귀가 그들을 포로로 만들기 위해서 만들어내는 것이기 때문입니다. 본성도 그들을 속입니다. 따라서 그들은 위험하게도 유혹의 공격에 노출되어 있습니다. 이런 상태에 있는 사람들이 드리는 기도는 자기에게 유익이 되지 못하므로, 차라리 기도하지 않는 편이 나을 것입니다.

두 번째 유형의 속박은 사람들이 첫째 유형의 속박—세상과 피조물에 대한 사랑—에서 벗어난 후에 빠지기 쉬운 것으로서 자기애自己愛입니다. 이런 사랑은 그 사람에게 자기만족을 가득 채워 놀라운 존재로 만듭니다. 아무도 그를 비난하지 않으며, 그 사람 스스로도 자신을 비난하지 않습니다. 그의 자애심은 아름답게 장식되고 표현되어 있기 때문에 누구도 감히 그것을 반대하지 못합니다. 결국 그는 이 자애심 때문에 모든 일에서 자기의 유익만 구합니다. 그가 자신의 즐거움, 위안, 평안, 영예 속에서 추구하는 것은 개인적인 유익입니다. 그는 이렇게 철저히 자신에게 빠져 있으므로 심지어 하나님까지 이용하려 합니다. 그런 사람의 영혼 깊숙한 곳을 찾아보면 무엇이 드러날까요? 이제까지 거룩한 것처럼 보이던 것들이 거짓으로 드러날 것입니다.

이렇게 세속적인 경향과 나약한 본성을 지닌 사람을 돕는 것은 무척 어려운 일입니다. 그를 얽매고 있는 속박에서 해방시키는 것은 참으로 어렵습니다. 인간이 날 때부터 이러한 속박을 받고 있는데, 과연 누가 우리를 도울 수 있겠습니까? 하나님 외에

도울 사람이 없습니다. 이런 사람들은 무척 많은 것을 필요로 하며 지나치게 다양하고 광범위한 것들을 요구합니다. 그들은 자신이 나약하고 민감하다고 생각합니다. 간혹 그들에게서 친구, 편리한 도구, 또는 그들에게 위로가 되던 귀한 것을 빼앗으면, 그들은 즉시 진리가 아닌 것을 공공연하게 말하거나 교묘하게 암시하면서 하나님께 화를 내고 악하게 행동합니다. 이렇게 행동하는 사람은 인간성을 상실하여 미친개나 사나운 늑대와 다를 바가 없게 됩니다. 자애심이란 이렇게 치명적인 속박입니다.

셋째는 이성理性의 속박입니다. 이것이 많은 사람들을 멸망하게 합니다. 이것의 속박을 받는 사람들은 교리나 진리 등 추론할 수 있는 이성의 차원으로 영적인 사람들을 끌어내려 망하게 만듭니다. 그들은 점잖은 체합니다. 그들은 무엇이든지 이성적으로 해석하고 그에 대한 의견을 내놓는데, 이는 그것이 그들의 자존심을 증가시키기 때문입니다. 그러나 그런 식으로 해서는 선행을 이루거나 내면생활의 성장을 이루지 못합니다. 그들은 우리의 모본模本이 되시는 주 예수 그리스도의 인성人性도 이성의 눈으로 보려 합니다. 만일 그들이 거룩한 영적 눈으로 본다면 매우 다르게 볼 것입니다. 그것은 마치 한낮의 태양빛과 촛불의 빛처럼 다를 것입니다. 신적인 빛과 본성의 빛의 차이는 그보다 훨씬 더 큽니다. 본성의 빛은 표면적인 지혜입니다. 그것은 교만, 허세, 사람들의 칭찬이나 세상의 인정과 칭송을 좋아하며, 감각적이며 정신적인 방탕을 지향하는 표면적인 경향을 지닙니다.

반면에 신적인 빛은 내면의 깊은 곳을 향하는 경향이 있으므로 영혼으로 하여금 내면 깊은 곳을 향하게 합니다. 영혼은 모든 피조물 중에서 자신이 가장 작고 약하고 무의미하고 우매하다고 느끼는데, 그것은 옳은 생각입니다. 왜냐하면 그 내면의 중심에 있는 것이 하나님의 것이기 때문입니다. 또 이 빛은 내면을 지향합니다. 그것은 자신이 생성된 근원인 내면의 중심을 찾아서 힘껏 질주합니다. 이런 사람의 내면 활동은 자신이 솟아나와 다시 돌아가려 하는 근원을 향합니다. 이것이 성경대로 생활하는 사람과 성경을 연구만 하는 사람의 차이점입니다. 성경 연구에 만족하는 사람들은 세상에서 존경과 칭송을 받기 바라며, 복음의 권고에 따라 생활하려는 사람들을 존경하지 않습니다. 그들은 복음적 생활을 하는 사람을 어리석고 괴팍하다고 생각하며, 심지어 그들을 저주하고 박해합니다. 한편 복음의 말씀대로 생활하는 사람들은 스스로를 죄인이라고 여기며, 사람들에게 자비를 베풉니다. 그러나 마지막에 이르면 그들의 운명은 과거의 생활과는 달라집니다. 전자에게는 사망이 주어지고, 후자에게는 생명이 주어집니다. 그렇기 때문에 바울은 "율법 조문은 죽이는 것이요 영은 살리는 것이니라"(고후 3:6)고 말합니다.

넷째 속박은 "영적 달콤함"spiritual sweetness입니다. 많은 사람들이 이것 때문에 길을 잃고 방황합니다. 왜냐하면 그들이 문란한 방법으로 그것을 추구하여 그 속에 빠져 머물기 때문입니다. 그들은 스스로를 포기하더라도 이것을 소유하는 것이 좋다고 여깁니다. 그러나 사실상 그들의 본성이 권리를 주장하기 때문에, 그들이 하나님을 붙잡았다고 생각하지만 실제로 붙잡은 것은 자신의 즐거움입니다.

우리의 기쁨의 근원이 하나님인지 본성인지를 판단하는 방법이 있습니다. 만일 영적 달콤함이 흐려지고 사라질 때 우리가 불안하고 괴로우며 전처럼 충실하게 자발적으로 하나님을 섬기지 않는다면, 이제까지 섬겨온 것이 하나님이 아니라고 확신해도 좋습니다. 40년 동안 영적 달콤함을 맛보고서도 그것이 사라질 때 슬퍼할 수 있습니다. 비록 우리가 이 달콤함의 절정에 도달하여 그 안에 끝까지 머문다고 해도, 우리의 구원은 하나님께 달려 있습니다. 최후의 순간이 이를 때까지 누구도 자신의 구원을 확신할 수 없습니다.

다섯째 속박은 제멋대로 하는 자기 고집입니다. 이것은 하나님 및 하나님의 일을 할 때 자기 마음대로 하려는 것을 의미합니다. 만일 하나님께서 우리의 뜻과 갈망에 양보하시겠다고 제안하신다면, 우리는 먼저 자신의 결점을 모두 제거하고 덕과 온전함을 이루어야 합니다. 그런 제안을 거절하는 것은 매우 어리석은 일입니다. 그보다 더 좋은 일이 있습니다. 비록 하나님의 동의를 얻어 우리 마음대로 할 수 있다고 해도 우리는 "하나님, 제가 바라는 것은 나의 은혜와 은사가 아닙니다. 제 뜻이 아니라 주님의 뜻을 원합니다. 만일 하나님께서 내게 있는 것을 모두 버리라고 하신다면 그 뜻에 따르겠습니다"라고 말해야 합니다. 이런 식으로 생각하고서 제멋대로 행한 것을 뉘우칠 때 우리 마음대로 할 때보다 더 큰 것을 소유하게 됩니다. 우리가 자신의 뜻에 따라 소유하려 했던 것—그것이 피조물이거나 하나님일지라도—들을 버리고 자신의 뜻을 하나님에게 완전히 복종시키는 참된 자기부인의 정신을 소유하는 편이 한층 유익합니다. 이런 까닭에 자신을 완전히 하나님께 복종시키지 않은 채 덕을 행하는 사람보다는 비록 행위나 업적은 미약하더라도 완전히 하나님께 복종하는 사람이 더 선한 사람입니다.

주님이 제자들과 함께 생활하실 때에 제자들이 주님의 인성에 대해 각별한 애정을 느꼈기 때문에 주님의 신성을 얻는 데 방해가 되었습니다. 이런 까닭에 주님은 "내가 떠나가는 것이 너희에게 유익이라 내가 떠나가지 아니하면 보혜사가 너희에게로 오시지 아니할 것이요"라고 말씀하셨습니다(요 16:7). 제자들은 마음과 정신을 주님께 바치고서 주님이 승천하실 때까지 40일을 기다렸습니다. 그리고 열흘 후에 보혜사 성령이 그들에게 임하셨습니다. 그들의 하루는 우리의 1년과 같습니다. 그들의 기다리는 기간이 단축되었습니다. 그들이 교회의 기초가 되어야 했기 때문에 하루가 1년으로 계산되었습니다.

인간은 40세가 되기 전에는 아무리 노력해도 영원한 평안을 얻지 못하고 하나님처럼 되지 못합니다. 그 나이가 되기 전에는 본성의 충동에 따라 이리저리 쫓기며 많은 일에 몰두합니다. 그는 자신이 하나님의 지배를 받는다고 생각하지만 실제로는 본성적 충동의 지배를 받습니다. 적절한 때가 되어야 참되고 완전한 평화를 얻을 수 있으며, 하나님을 보는 생활을 할 수 있습니다. 또다시 10년을 기다린 후에야 모든 것을 가르치는 영이신 보혜사가 우리의 것이 됩니다. 제자들도 생활과 고난을 통해서 준비되었지만 또다시 열흘을 기다려야 했습니다. 그들은 모든 것을 버렸고 사랑했던 주님과의 이별이라는 최고의 준비과정을 거쳤습니다. 주님이 승천하시면서 그들의 마음과 정신을 가져가신 후 그들의 갈망, 사랑, 마음, 그리고 영혼이 모두 주님과 함께 주님 안에서 하늘에 있었습니다. 이렇게 기다리고 고귀한 가르침을 받은 후에도 열흘을 더 기다린 후에 비로소 그들은 성령을 받았습니다. 그들은 한적한 곳에 함께 모여서 주님이 약속하신 성령을 기다렸습니다.

우리도 40세가 되어 다소 본성을 극복하여 평안을 소유하고 경건한 생활에 이르게 되었을 때에 이렇게 행하며 또다시 10년을 기다려야 합니다. 그 때 가장 고귀하고 거룩한 방법으로 성령을 받을 것이며, 성령께서 우리에게 진리를 가르쳐 주실 것입니다. 이러한 경지에 이른 영혼은 순결하고 거룩하고 단순한 내면의 중심 속에 잠겨 녹아버립니다. 그곳에서 고귀한 영혼의 불티가 자신의 근원으로 돌아갑니다. 이러한 원천으로의 회귀가 이루어질 때 모든 죄가 지워집니다. 이 근원에서 은혜와 복이 인간의 영혼 안에 흘러들어옵니다. 그리하여 신화神化된 영혼은 교회와 세상을 지탱해주는 기둥이 됩니다. 아멘.

환난 중에 즐거워하라

그리스도의 승천에 관한 이 설교는 시련 중에서 평안을, 고난 중에 기쁨을, 그리고 고통 중에 위로를 구하라고 가르친다. 우리는 땅에서 하나님의 증인이므로 기쁠 때만 아니라 슬프고 고통스러울 때에도 하나님을 따라야 한다.

"너희 가운데서 하늘로 올려지신 이 예수는…"(행 1:11).

"하늘에서 내려온 자 곧 인자 외에는 하늘에 올라간 자가 없느니라"(요 3:13). 성경에서 말하는 이분은 그리스도이십니다. 사랑하는 형제들이여, 머리이신 그리스도께서 하늘로 올라가셨으므로 그 지체들도 머리 되시는 분을 따라가야 합니다. 이 세상에서 영원한 거처를 찾아서는 안 됩니다. 우리는 사랑하고 사모하면서 앞서 가신 주님이 고통 속에 걸어가신 좁은 길을 따라가야 합니다. "그리스도가 이런 고난을 받고 자기의 영광에" 들어가셨기 때문입니다(눅 24:26). 우리는 앞에서 모범을 보여주신 주님을 따라가야 합니다. 우리가 자기 십자가를 지고 따라가면 마침내 주님이 계신 곳에 이를 것입니다. 세상 사람들이 헛된 영광을 얻기 위해서 어떻게 살아가는지 우리는 알고 있습니다. 그들은 세상에서 존경을 받고 재산을 소유하기 위해서 가정과 가족, 친구를 전쟁터에 나가기도 합니다. 우리도 이러한 태도로 머리되시는 그리스도를 따라가야 합니다. 가장 고귀한 선이신 그리스도를 믿고 따라가야 합니다. 모든 지체들은 머리와 연결되어 있습니다. 머리로부터 계속 생명을 받지 못하는 다리는 썩으며, 썩은 다리는 즉시 잘라내야 합니다.

주님은 제자들에게 "너희가 권능을 받고 예루살렘과 온 유대와 사마리아와 땅 끝까지 이르러 내 증인이 되리라"고 말씀하셨습니다(행 1:8). 예루살렘은 평화의 도시이지만 고난의 도시이기도 합니다. 왜냐하면 그곳에서 그리스도가 많은 고난을 받고 비참한 죽음을 당하셨기 때문입니다. 우리는 그 도시에서 말로만 아니라 진리와 행동으로 주님을 본받아 따름으로써 증인이 되어야 합니다.

사람들은 모든 일이 자신이 원하는 대로 잘 될 때에는 기꺼이 하나님의 증인이 되려 합니다. 그들은 자신에게 짐이 되지 않는 한 거룩한 일을 하려 합니다. 고통이나 슬픔, 또는 어려움이 없을 때에는 열심히 일하며 공개적으로 신앙을 고백합니다. 그러나 영적 어둠의 공포와 유혹을 알게 되고 하나님이 가까이 계시다는 감정적 위안을 느끼지 못한 채 철저히 버림받았다고 느끼게 되면, 하나님에게서 돌아서며 증인이 되려 하지 않습니다. 모든 사람들은 평화를 원하며 그것을 찾아 사방을 헤매고 다닙니다. 그들이 이러한 망상에서 벗어나서 고난 속에서 그것을 찾는다면 얼마나 좋겠습니까! 영원한 평화는 그곳에서만 찾을 수 있습니다. 다른 곳에서 이 평화를 찾으려 하면 결국 실패할 것입니다. 슬픔 속에서 기쁨을, 불행 속에서 이탈을, 고통 속에서 위로를 찾아야 합니다. 그것이 하나님의 참 증인이 되는 길입니다.

주님은 세상에 계실 때, 그리고 부활 전후에 제자들에게 평화를 약속하셨습니다. 그런데 제자들은 표면적으로는 평화를 얻지 못했습니다. 그렇지만 그들은 슬픔 속에서 평화를, 고난 속에서 기쁨을 발견했고, 죽음 속에서 생명을 발견했습니다. 재판을 받고 정죄를 받는 것이 그들에게는 즐거운 승리였습니다. 그들은 하나님의 증인들이었습니다. 어떤 사람들은 달콤한 위로 속에 빠져 있어서 자신의 존재의 구석구석에서 이러한 위로를 느낍니다. 그러나 어둠과 고통이 다가오면 위로를 받지 못하여 낙담하며, 어느 길로 가야 할지 몰라 낙오하여 결국 모든 것이 수포로 돌아갑니다. 내면의 평온을 뒤흔드는 무서운 물결이 덮치고 세상과 육체의 유혹과 마귀가 공격해 와도 그 고해苦海를 뚫고 나가는 사람은 누구도 **빼앗을** 수 없는 평화에 이를 것이며 그리스도의 참 증인이 될 것입니다. 그렇지 못한 사람은 낙오자가 되며 목적지에 이르지 못할 것입니다.

"유대에서 내 증인이 되리라." "유대"는 "하나님을 찬양하다" 또는 "하나님을 믿는다고 고백하다"라는 뜻입니다. 만사가 순탄하게 이루어지고 본성적인 정열로 불타고 있을 때가 아니라도 우리는 행동과 노력을 통해 하나님께 믿음을 고백하고 하나님을 목표로 하여 살아감으로써 하나님의 증인이 되어야 합니다. 모든 것이 순조로울 때에 하나님께 대한 신앙을 고백하기는 쉽습니다. 사람들은 시련이 덮치기 전에는 하나님을 잘 알고 사랑하지만 시련이 닥치면 이제까지의 일을 잊고 당황합니다. 이런 사람들은 하나님이라는 항구가 아닌 자신의 감정에 정박하는데, 그것은 모래 위에 세워진 매우 약한 것입니다.

그러나 참 믿음의 증인들은 하나님이 고통을 주시든지 사랑을 주시든지 항상 하나님 안에 닻을 내립니다. 그들은 자신의 영성 생활에 유익하다고 생각되지 않는 한 자신의 방법으로 많은 것을 비축하려 하지 않습니다. 그러나 사랑의 예지를 가지고 계신 하나님은 때로 우리가 정박해 있는 기반을 부수십니다. 그렇기 때문에 우리는 자신이 방해를 받고 있음을 알게 됩니다. 하나님은 우리가 보초를 서려 할 때 우리를 잠들게 하십니다. 또 금식하려 할 때 억지로 먹게 만드십니다. 침묵하면서 쉬려 할 때 일을 시키십니다. 이런 식으로 우리가 집착하는 모든 것을 파괴하여 마침내 우리로 하여금 자신의 무가치함에 직면하게 만드십니다. 그 때 우리는 자신이 전적으로 하나님을 의지하고 있음을 깨닫고 순수하고 단순한 믿음을 고백합니다. 세속적이고 경박한 사람들이 쾌락과 재산 때문에 유혹을 받듯이, 믿음의 증인들은 자신의 행동과 감정에 대한 자기만족에서 즐거움을 느끼려는 유혹을 받습니다. 이런 사람들은 하나님께 완전히 복종하지 않으며, 하나님의 뜻에 따라 자기의 영을 가난하게 하지 않습니다.

"유대"는 "하나님을 찬양하다"라는 의미입니다. 우리는 매사에 하나님을 찬양해야 합니다. 즉 우리의 생각과 일과 모든 사건들이 우리에게 유익을 주든지 주지 않든지 상관없이 하나님을 찬양할 수 있어야 합니다. 나아가 모든 일에 있어서 진심에서 우러난 감사를 하나님께 드릴 수 있을 때 우리는 참되고 견실한 증인이 됩니다. 사랑하는 형제들이여, 모든 것을 그 근원이 되시는 분께 돌려드리십시오. 피조물에 집착하지 말며, 피조된 것이 아닌 그 근원과 연합하십시오. 그 깊은 곳에서 하나님께 대한 참된 찬양이 흘러나오며, 거기에서 꽃이 피고 열매를 맺습니다. 꽃과 열매는 하나가 됩니다. 우리는 하나님 안에서 하나님을, 빛 속에서 빛을 발견합니다. 그러므로 영과 육에 대한 모든 염려를 하나님께 드리십시오. 그것들뿐만 아니라 당신 자신도 함께 드리십시오.

그리스도는 "너희가 사마리아에서 내 증인이 되리라"고 하셨습니다. 사마리아는 "하나님과의 연합"을 의미합니다. 하나님을 증언하는 지름길은 하나님과 연합하는 것입니다. 그렇게 함으로써 영혼이 자기 자신 및 모든 피조물로부터 떠날 수 있습니다. 왜냐하면 거룩하신 신과의 단순한 연합 속에서 모든 다양성을 벗어나기 때문입니다. 이제 영혼은 자아를 초월하여 승화됩니다. 영혼의 가장 고귀한 능력들이 존귀하신 하나님이 연합의 상태에 거하시는 하늘로 들어 올려집니다. 그곳에서 영혼은 하나님 안에서 지복至福과 말할 수 없는 기쁨을 맛봅니다. 또 저급한 능력들도 가능한 한도 내에서 들려 올라갑니다. 이런 상태에 있는 사람은 하나님 안에서 자신을 완전히 상실합니다. 그에게 남는 것은 오로지 하나님이 주신 은사들을 찬양하는 일뿐입니다. 이제 그는 모든 것이 하나님의 것임을 깨달았기 때문에 자신의 것으로 여기지 않습니다.

더 나아가서 영혼은 신적 본질 자체인 또 다른 하늘로 인도되는데, 그곳에서 인간의 영은 자신을 완전히 상실하여 자아가 흔적도 없게 됩니다. 그곳에서 일어나는 일과 경험하게 되는 일은 말할 수도 없고 상상할 수도 없고 이해할 수도 없습니다. 그것은 인간의 정신으로 이해할 수 없으며, 인간의 영으로도 이해할 수 없습니다. 이제 영은 신의 중심 깊이 잠겼기 때문에 아무것도 알거나 느끼거나 이해하지 못하며, 단순하고 숨김없는 연합 속에 계신 하나님만 알고 이해하고 느낍니다. 이제 인간의 영이 뒤를 돌아보고 자신의 초라한 행동을 조사해 볼 수 있습니다. 혹시 주의를 기울이지 못한 일이 남아 있는지, 완전하게 해야 할 일이 있는지, 또 다른 방법으로 해야 할 일이 없는지 살펴볼 수 있습니다. 그리하여 인간이 하늘과 땅 사이에 떠있게 됩니다. 그는 자신의 고귀한 능력들 덕분에 자신 및 모든 것을 초월하고 승화되어 하나님 안에 거합니다. 동시에 저급한 능력들 덕분에 영성생활을 처음 시작했을 때처럼 철저하게 겸손해집니다. 그리고 초심자였을 때처럼 가장 단순한 근행勤行들을 실천합니다. 하찮은 일도 무시하지 않으며, 자신이 행하는 모든 일 속에서 평화를 발견합니다. 그리하여 그는 하늘로부터 오셨다가 다시 하늘로 올라가신 주님을 증언하는 참 증인이 됩니다.

이러한 정상에 이르기를 원하는 사람은 하나님 안에서 하나님과 함께, 그리고 하나님을 통하여 하나님과 연합해야 합니다. 이 길을 따라가는 사람은 길 잃을 염려 없이 안전하게 갈 수 있을 것입니다. 그는 불안정한 정신에서 비롯된, 시간을 낭비하게 하는 의심이나 거리낌의 시달림을 받지 않을 것입니다.

영원하신 하나님, 우리가 이러한 상태에 이르도록 도와주십시오. 아멘.

이탈, 자기부인

이 설교는 승천주일 다음 주일에 행한 설교로서 성령을 받기 위해 예비해야 하는 이탈과 자기부인, 내향성과 고독 등에 대해 이야기한다.

"그러므로 너희는 정신을 차리고 근신하여 기도하라"(벧전 4:7).

교회는 오늘을 성령강림절로 지킵니다. 주님의 제자들은 특별히 내적인 방법으로 성령을 받았습니다. 그들은 최초로 성령을 받기 때문에 특별한 방법으로 받아야 했습니다. 새 질서가 시작되어야 했으며, 그 뒤를 따를 사람들을 위해서 특별한 방법으로 성령을 받아야 했던 것입니다. 제자들의 경험은 세월이 갈수록 더 강해지고, 시간이 흐를수록 증가되었습니다.

하나님의 친구들은 이 복된 날을 항상 기념하고 찬양해야 합니다. 우리는 항상 성령을 받고 있어야 합니다. 우리의 준비된 상태에 따라서 성령이 우리에게 오십니다. 우리가 수용할 수 있는 태도를 갖추면 완전하게 그분을 영접할 수 있습니다. 오늘날 준비된 사람 모두는 오순절에 제자들이 경험한 성령 강림을 항상 영적으로 경험합니다. 그러므로 우리가 성령을 갈망하고 그분의 오심을 예비한다면, 일생 동안 성령이 새롭고 특별한 은혜들을 가지고 우리에게 오십니다.

베드로는 성령을 받기 위해 어떻게 해야 하는지 분명히 가르쳐줍니다. "정신을 차리고." 이것은 지혜로워야 한다는 의미보다는 "분별력을 가지고 행동하라"는 의미일 것입니다. 우리가 어떤 일을 자주 훌륭히 행하여 완벽하게 알게 되었을 때 분별력이 획득됩니다. 이것을 염두에 두고서 베드로는 우리에게 매사에 이성에 비추어 자신이 무엇을 하고 있는지 알고서 목표를 성취하는 가장 훌륭한 수단을 선택하라고 권면합니다. 이 경우 성령 강림을 예비해주는 것은 이탈과 하나님께 대한 복종, 내향성과 영적 고독입니다. 이것이 우리로 하여금 방해받지 않고 고귀한 방식으로 성령을 받을 수 있게 해주는 성향입니다. 이것들을 소유하고서 그 안에서 자라는 사람이 가장 크게 성령을 받을 수 있습니다.

그렇다면 네 가지 방편 중에서 첫째 방편인 이탈은 무엇을 의미합니까? 그것은 하나님이 아닌 모든 것에서 물러나고 돌아서야 한다는 것, 유일하고 탁월한 선이신 하나님을 향하지 않는 것이 있는지 살펴보기 위해 이성에 비추어 자신의 말과 생각과 행위를 곰곰이 살펴보는 것을 의미합니다. 우리는 하나님을 향하지 않는 것들을 자신에게서 제거해야 합니다. 이것은 영성생활을 하려는 사람들 및 모든 선한 사람들에게 적용됩니다. 크고 선한 일을 행하면서도 내면생활에 대해 무지한 사람들이 많습니다. 그들도 자신과 하나님 사이에 놓여있는 것이 무엇인지 깊이 생각해 보아야만 그것을 포기하며 철저히 피할 수 있습니다. 성령 및 성령의 은사를 받으려면 이 이탈의 단계가 절대적으로 필요합니다. 하나님이 아닌 것들에서 벗어나 완전히 하나님을 향해야 합니다.

사람들에 따라 이탈 및 성령에 대한 기대가 달리 나타납니다. 어떤 사람은 감각에 의해 감지할 수 있는 형상을 통해 성령을 받습니다. 또 어떤 사람들은 보다 고귀한 방식으로 자신의 보다 고등한 능력에 의해서, 즉 감각보다 훨씬 탁월한 이성에 의해서 성령을 받습니다. 또 어떤 사람들은 은밀한 심연, 신비한 세계, 복된 삼위일체의 고귀한 형상이 거하시는 복된 내면의 중심에서 형식과 방법을 초월하여 성령을 받습니다. 이곳은 영혼 안에서 가장 귀한 곳입니다.

그곳에서 성령은 기쁘게 거하십니다! 거기서 성령은 신적이고 고귀한 방식으로 은사를 주십니다. 우리가 이성의 빛에 비추어 내면의 중심을 응시하고 하나님을 의지할 때마다 하나님은 새로 성령을 부어주시고 우리는 하나님과 새롭게 연합합니다. 그리고 우리는 분별과 이탈에 의해 내면을 향하며, 자신의 의도가 순수한지 살펴볼 때마다 새로 은사와 은혜를 받습니다. 우리의 행동 안에 순수하게 하나님을 향하지 않는 것이 있습니까? 만일 있다면, 고귀한 이성으로 하여금 그것을 바로잡고 다스리게 하십시오. 이 빛은 겸손, 온유, 양선, 자비, 침묵 등 본성적인 덕들을 조명하여 그것들이 하나님으로부터 난 것인지 아닌지를 살피게 해줍니다.

이 빛은 주요한 덕, 또는 기본적인 덕이라고 불리는 신중, 정의, 오래 참음, 절제 등의 도덕적인 덕을 조명해 줍니다. 이성의 빛은 이 덕들의 의도가 순수한지를 살펴서 그들 안에 신적인 질서가 지배할 수 있게 하며, 또 그들이 하나님 안에서 하나님을 통하여 훈련되게 합니다. 성령은 우리가 자신의 본분을 다한 것을 발견하시면, 그의 빛과 함께 우리에게 오십니다. 그 빛은 본성의 빛을 능가하며, 믿음과 소망과 사랑, 그리고 그에 따르는 은혜 등의 초자연적인 덕목들을 불어넣습니다. 그런 식으로 이탈은 참된 고결함을 초래합니다. 그러나 참되게 조명되지 않으면, 그것은 무가치하게 됩니다. 왜냐하면 우리가 하나님을 목적으로 삼기는 했지만 실제로는 전혀 그렇지 못하다는 것을 알게 되기 때문입니다.

이 시점에 비록 우리의 갈망이 하나님께 집중되어 있지만 우리는 때로 걱정과 슬픔으로 고통을 받으며, 자신이 목표로 했던 것은 하나님이 아니었으며 이제 모든 것을 상실했다고 두려워하기도 합니다. 때로 날씨나 기후에 따라 두려움이 생기거나, 마귀에 의해서 두려움을 느끼거나, 자연적으로 발생하는 우울증 때문에 이러한 두려움을 느끼게 됩니다. 그러나 우리는 이 모든 것을 인내하여 극복해야 합니다.

어떤 사람들은 이러한 어려움들을 폭력에 의해서 단 한 번에 물리치려 하지만, 이러한 폭동을 초래함으로써 자신에게 해를 입힐 뿐입니다. 또 어떤 사람들은 학자들이나 하나님의 친구들에게 가서 의논하려 하지만 누구도 그들에게 그리 큰 도움을 주지는 못하며, 그렇기 때문에 그들은 더욱 당황합니다. 영혼에게 이러한 폭풍우가 밀어닥칠 때에는 소나기를 만났을 때처럼 행하는 것이 최선의 방법입니다. 소나기를 만난 사람은 처마 밑으로 피하여 비가 그치기를 기다립니다. 자신이 찾는 분이 하나님이라고 확신할 때 우리는 이렇게 행해야 합니다. 어려운 일이 생길 때 인내하며, 고통 중에 인내하면서 하나님께 복종하고 기다리며, 평화를 찾을 때까지 그것을 무시해야 합니다. 하나님께서 언제 어디서 어떤 방법으로 은사를 주실지는 아무도 알지 못합니다. 그러므로 극진히 사랑하는 감정적인 만족감을 가지려고 고귀한 덕을 사모하지 말고, 하나님의 뜻이라는 피난처에서 인내하며 기다리는 편이 수백 배 더 좋습니다. 왜냐하면 이런 상태에서는 우리가 영적인 열정과 위로를 느낄 때 쉽게 발생하는 자아에 대한 집착이 있을 수 없기 때문이다. 우리의 본성은 자아에 집착할 때 자신의 권리를 주장하며 하나님의 은사들을 빼앗고 그 안에서 즐거움을 느낍니다. 그러나 은사는 하나님이 주시는 선물일 뿐 하나님이 아니기 때문에, 이것은 영혼에 얼룩이 생기게 만듭니다.

우리는 하나님의 은사가 아닌 하나님을 사랑해야 합니다. 그런데 우리의 본성은 매우 탐욕적이고 이기적이기 때문에 자기 것이 아닌 것을 자기 것이라고 주장하며, 아무 데나 몰래 기어들어갑니다. 그리하여 하나님의 은사를 더럽히고 망치며 하나님의 고귀한 사역을 방해합니다. 우리의 본성은 원죄에 물들어 있기 때문에 모든 일에 자신의 유익만 추구합니다. 성 토마스의 말에 의하면 이것 때문에 우리가 하나님이나 천사들, 또는 하나님이 창조하신 것들보다 우리 자신을 더 사랑한다고 합니다. 그러나 하나님이 우리의 본성을 이렇게 창조하신 것이 아닙니다. 우리의 본성이 하나님으로부터 돌아서서 타락했고 흉하게 변했습니다.

이 독이 영혼의 가장 깊은 곳에 뿌리내리고 있기 때문에 세상에서는 아무리 노련한 사람도 그 잔뿌리들을 완전히 찾아낼 수 없고 모조리 제거할 수도 없습니다. 이 타락한 성향은 사람이 스스로 하나님을 찾았다고 생각할 때 드러납니다. 그 때 그가 자신이 하는 모든 일에서 기쁨을 느끼기 때문에 이 해로운 이기심이 빈번히 나타납니다. 사도 바울은 마지막 때에 모든 사람이 자기 자신만 사랑할 것이라고 말했습니다. 안타깝게도 세상 사람들은 불의와 사기와 폭력을 사용하여 서로의 권리를 강탈하고 있습니다. 그들은 마음에 드는 성직자들을 찾아다니며, 성경을 제멋대로 해석하기 위해서 이교도의 글도 이용합니다. 이것들은 표면적인 예입니다. 영적인 일에 있어서는 상태가 훨씬 더 심각합니다. 참되고 순수한 보물이 위험에 처해 있습니다. 영적인 일이나 본성적인 일에 있어서 내면적으로 덕의 실천이나 하나님을 소유하는 것과 비교해보면 집이나 땅, 금이나 은을 잃는 것은 사소한 일에 불과합니다. 타락한 본성이 끊임없이 우리 영혼을 잠식해 들어가므로 우리는 알지 못하는 사이에 무절제한 이기심으로 뒤덮입니다.

이런 까닭에 주님은 "정신을 차리라"는 베드로의 권면에 또 다른 권면을 추가하셔서 "뱀같이 지혜로우라"고 말씀하셨습니다. 거룩한 하나님 아버지의 지혜이신 아들은 놀라운 자신의 지혜를 단순하고 일상적인 비유로 나타내셨습니다. 주님이 철저히 겸손하셨듯이, 주님의 가르침 역시 항상 겸손하고 단순했습니다. 이제 뱀이 얼마나 신중하고 사려 깊은지 알아보겠습니다. 뱀은 늙어서 껍질이 오그라들고 부패하게 되면, 두 개의 돌이 붙어 있는 곳을 찾아 좁은 돌 틈으로 기어들어가서 낡은 껍질을 벗습니다. 그러면 새 껍질이 생겨납니다. 우리 자신의 낡은 껍질, 다시 말해서 우리의 본성적 자아에 대해서 이렇게 해야 합니다. 그것이 늙어 결점투성이가 되었으므로 우리는 두 개의 돌 틈으로 기어들어가야 합니다.

이 두 개의 돌이란 무엇을 말합니까? 하나는 진리이신 하나님이고, 나머지 하나는 참 길이신 그리스도의 인성입니다. 인간의 덕에 본성적이거나 도덕적인 옛 사람의 것이 붙어 있을 때 이 돌

틈으로 들어가야 합니다. 이에 대해서 교회는 "주님의 신성이 없으면 모두가 빛 가운데 거하지 못하며 순수하지 못합니다"라고 노래합니다. 그러므로 자신이 소유하고 있는 덕이 아무리 정교하고 고귀해도, 그것들을 주의 깊게 살펴보아야 합니다. 만일 그것들이 본성에 토대를 두고 있다면, 그것들은 영적인 병폐를 일으킬 것입니다. 당신이 영리하게 그것들을 실천할수록 그 피해는 더 빨리 다가올 것입니다. 한편 그것들이 영적인 덕이요 고귀한 갈망이어도 역시 영적인 결점과 노쇠현상을 나타냅니다. 그리스도라는 돌로 그것들을 깎아내지 않거나, 내적인 갈망과 마음에서 우러난 기도로 새로워지지 않거나, 하나님 안에 빠졌다가 새로 태어나지 않는 한, 그것들은 무가치하며 하나님을 기쁘시게 하지 못할 것입니다.

이것이 바울이 말한 모든 건물의 기초이며, 주님이 말씀하신 모퉁이돌입니다. 우리는 이것들을 사랑해야 합니다. 만일 우리가 이 돌에 의해서 철저히 연마되지 않는다면, 솔로몬의 지혜나 힘도 소용이 없을 것입니다.

자신을 그리스도의 가난과 자비와 순종 안에 담그십시오. 그분께 당신의 죄 사함을 의뢰하십시오. 그러면 주님 안에서 믿음과 소망과 사랑, 온전함, 진리, 화평, 그리고 성령 안에서의 기쁨을 얻을 것입니다. 그리고 그리스도에게서 오는 인내와 이탈, 그리고 평화로운 마음이 생기는데, 그 때 우리는 모든 것이 하나님에게서 오는 것임을 알게 됩니다.

하나님께서 무엇을 명하시고 허락하시든지, 행복이든지 불행이든지, 기쁨이든지 고통이든지, 그것들은 모두 우리의 영원한 복을 위한 것입니다. 하나님은 영원 전부터 미리 앞을 내다보시고서 우리에게 이런 것들을 맡기십니다. 이것들은 항상 하나님의 속성으로 있다가 하나님의 섭리에 따라 우리에게 오는 것입니다. 그러므로 우리는 항상 화평해야 합니다. 참된 이탈과 내향성이 있어야 어떤 상황에서도 화평할 수 있습니다. 그러므로 참 평안을 얻으려는 사람은 내향적인 반성의 정신으로 그것을 찾아야 합니다. 그래야 그곳에 정착하여 뿌리를 내릴 수 있습니다.

지금까지 나는 영적인 사람들을 대상으로 이야기했습니다. 이 권면을 항상 기억하시고, 그에 따라서 행동하십시오. 영혼이 하나님 안에 뿌리를 내리고 거할 때, 그의 갈망이 온전히 하나님을 향하고 있을 때에는 쉽게 이 일을 할 수 있습니다. 모든 덕의 존재 목적이 무엇인지를 알고 이해할 수 있으며, 그리스도의 도움을 받아 세상의 것에서 이탈할 수 있습니다. 참된 이탈 속에서 새롭게 태어나 내적인 힘을 얻은 사람들이 이렇게 됩니다. 내면에서의 사역이 증가할수록 성령이 충만하게 임하시고, 더 영광스럽게 주님을 영접하게 됩니다.

하나님, 우리 모두가 참된 이탈의 정신 속에서 순수하고 내면적인 갈망을 가지고 당신을 찾게 해주십시오. 이 일을 이루는 데 있어서 하나님이 친히 우리의 도움이 되어 주십시오. 아멘.

근신하여 기도하라

이것은 베드로전서 4장 7절을 본문으로 한 타울러의 두 번째 설교이다. 봄이 되면 농부가 나뭇가지를 잘라주고 잡초를 뽑고 밭을 갈 듯이, 우리도 하나님의 것이 아닌 것들을 잘라내고 완전히 뽑아내고 갈아엎으며, 모든 행동을 하나님께 향하라고 권면한다.

"그러므로 너희는 정신을 차리고 근신하여 기도하라"(벧전 4:7).

베드로는 그의 편지에서 "너희는 정신을 차리고 근신하여 기도하라"고 말합니다. 성령강림절이 다가오고 있으므로, 우리는 거룩한 갈망이 가득한 마음으로 성령을 받기 위해 힘껏 준비해야 합니다. 우리의 행동과 삶 속에 하나님의 것이 아닌 것들이 있지 않은지 살펴보아야 합니다. 성령을 받으려면 네 가지를 준비해야 합니다. 즉 이탈, 자기부인, 내향성, 그리고 단순한 마음을 준비해야 합니다. 아울러 우리의 겉사람이 평화를 느끼고 본성적인 덕을 실천하는 데 익숙해야 하며, 도덕적인 덕이 저급한 능력을 지배하고 있어야 합니다. 그런 후에야 성령이 우리의 고등 능력을 우리의 것으로 만들어 주십니다. 물론 이 고등 능력은 참된 분별의 명령과 지시를 받아야 하며, 이성의 빛에 따라 생활 속에서 실천되어야 합니다. 먼저 우리 자신의 생활이 전적으로 하나님을 향하고 있는지를 살펴보고, 우리의 행동 속에서 그렇지 못한 것을 발견할 때에는 그것을 시정해야 합니다.

이런 일은 마치 3월이 되어 농부가 밭을 갈듯이 실천되어야 합니다. 농부는 해가 뜨면 밭에 나가서 부지런히 나뭇가지를 잘라주고 잡초를 뽑고 밭을 갈아주며 일합니다. 우리도 농부처럼 마음 밭을 깊이 파고 잘 살펴보고 갈고 뒤집어 주어야 합니다. 지금은 나뭇가지—우리의 표면적인 감각과 능력—를 잘라주어야 할 때입니다. 그리고 잡초를 완전히 제거했는지 살펴보아야 합니다. 일곱 가지 대죄大罪를 제거하는 일부터 시작해야 합니다. 표면적, 내면적인 교만을 제거해야 합니다. 또 욕심, 분노, 증오, 질투, 그리고 육과 정신과 마음과 감각 속에 차 있는 온갖 불순함과 탐욕을 제거해야 합니다. 본성뿐만 아니라 영적인 차원에서도 마찬가지입니다. 우리는 숨어 있는 거짓된 동기나 방종하려는 뜻이 없는지 살펴보아야 합니다. 이런 것들은 철저하게 잘라내고 근절해야 합니다.

　아직도 우리의 마음 밭은 단단하게 말라 있습니다. 태양이 떠오르기 시작했지만 아직 햇볕이 차가운 땅속까지 뚫고 들어가지 못하고 있습니다. 그러나 태양은 계속 작열하여 곧 여름이 다가옵니다. 이제 신적인 태양이 잘 갈아놓은 마음 밭을 비출 때가 되었습니다. 겉사람이 하급 능력과 고등 능력을 준비하여 놓으면, 즉 완전히 부드러워져서 수용적인 태도를 지니게 되면, 태양이신 하나님이 그 고귀한 땅속까지 밝은 빛을 비추어 주시기 시작합니다. 그리하여 즐거운 여름이 시작되고, 순전한 오월의 꽃들이 피기 시작합니다. 은혜로우시고 영원하신 하나님은 영들로 하여금 초록빛을 띠게 하시고, 꽃을 피우게 하시고, 좋은 열매를 맺게 하십니다. 이것은 말로 표현할 수도 없고 상상할 수도 없이 좋은 것입니다. 이처럼 황홀한 일이 영혼 안에서 일어납니다.

　성령이 우리에게 임하셔서 빛으로 영혼의 깊은 곳을 비추시는 동시에 위로를 주십니다. 그리하여 복된 황홀함이 우리에게 임합니다. 사방에서 잔치가 벌어지고 부엌에서는 맛있는 음식 냄새가 흘러나옵니다. 우리는 그 냄새에 취합니다. 5월이 되었습니다. 이 달콤한 향기는 가난한 인간 본성 깊이 들어가며, 그리하여 가난한 인간의 본성도 함께 그 기쁨을 누립니다. 만일 성령께서 준비되어 있는 영혼에게 선물로 주시는 황홀함을 한 방울이라도 맛볼 수 있다면, 그 맛은 이 세상의 어떤 맛과도 견줄 수 없을 것입니다.

어떤 사람들은 이 귀중한 위로를 발견하고 맛보는 순간 거기에 몰두하고 그 안에서 잠들어 축복 안에서 영원히 쉬려 합니다. 그것은 베드로가 변화 산에서 이러한 기쁨을 한 모금 맛보고서 그곳에 장막 셋을 짓고 영원히 머물기를 원한 것과 같습니다. 그러나 그것은 주님이 원하시는 것이 아닙니다. 주님이 우리를 인도하여 가시려는 목표는 훨씬 더 먼 곳에 있습니다. 우리도 베드로가 "우리가 여기에 있는 것이 좋사오니"라고 말한 것처럼 행합니다. 우리는 복을 맛보는 순간 자신이 태양을 완전히 소유했다고 믿고 그 빛에 몸을 녹이고 그 따사로움 아래서 쉬려 합니다. 이렇게 행하는 사람들은 항상 제자리를 맴돕니다. 그들은 목표를 잃었기 때문에 아무것도 이루지 못합니다.

또 어떤 이들은 이 황홀함 속에서 거짓 자유를 찾으려 하기 때문에 또 다른 덫에 걸립니다. 본성은 이러한 감정적인 즐거움의 상태에서 영리하게도 자신에게로 돌아가서 그것을 점령합니다. 이처럼 인간의 본성은 대체로 감정에 의존하기를 좋아하는데,

그 결과는 약을 과용한 사람들에게 나타나는 것처럼 좋지 않습니다. 인간 본성은 감정에 익숙해지면 그것에 의존하고 나태해지며, 마치 좋은 버팀목이 있는 것처럼 생각하여 전처럼 열심히 일하려 하지 않습니다. 그러나 그러한 도움을 보장받지 못하면 다시 적극성을 띠고 일합니다.

형제들이여, 우리의 본성은 매우 교활하고 자주 배반하며, 항상 자신의 위로와 안일만을 구합니다. 영적인 일에서도 마찬가지입니다. 영혼은 이러한 즐거움을 경험하고 특별한 복의 상태를 느끼는 순간이면 그것에 의지할 수 있다고 생각합니다. 그래서 그것을 의지하며, 전처럼 충실하고 열심히 일하지 않습니다. 그는 방종하고 방자하게 되어 전처럼 고난을 참고 견디지 않으며, 일하지 않으며, 휴식을 취해야 한다고 생각합니다. 마귀는 이런 사람을 믿을 수 없는 정온함 속에 붙잡아두기 위해서 거짓 향기로 그 사람을 에워쌉니다.

그 때 우리는 어떻게 행동해야 합니까? 이 향기를 멀리하고 거부해야 합니까? 그렇지 않습니다. 우리는 감사함으로 그것을 받아들여서 겸손하게 하나님께 돌려 드려야 합니다. 그리고 하나님께 감사와 찬양을 드리고 우리의 무가치함을 고백해야 합니다. 우리는 여행을 떠난 순례자처럼 행동해야 합니다. 이 순례자는 수중에 돈이 없고 배고프고 목이 마르며, 가야 할 길은 멀고 험합니다. 그래서 그는 혼자서 "십 리만 더 가면 먹을 것이 있고 쉴 수 있을 거야"라고 중얼거립니다. 그렇게 생각하면 다시 기운을 내어 단숨에 십 리나 갈 수 있습니다. 하나님이 달콤한 위로와 영적 기쁨으로 우리를 먹이시고 힘을 주시므로, 우리도 이 순례자처럼 행동해야 합니다. 우리의 사랑, 감사, 찬양, 하나님의 뜻대로 살려는 의지 등 모든 것이 날마다 성장해야 합니다. 우리는 간절한 동경심과 뜨거운 사랑 속에서 하나님을 향해 돌진해야 합니다. 이런 일에 전념할 때 하나님이 영적 위로와 기쁨의 은사를 배나 더하여 주실 것입니다.

이것을 비유로 표현하자면 어떤 사람이 왕을 만나서 1원짜리 선물을 드렸는데, 선물을 받은 왕이 백만 원어치의 금을 답례로 주었고 그 후에도 1원을 바칠 때마다 백만 원어치의 금을 주었다고 말할 수 있을 것입니다. 우리가 사랑하고 감사하면서 자신을 하나님께 드릴 때마다 하나님도 이렇게 행하십니다. 하나님은 매번 더 많은 은혜와 은사와 위로를 주십니다. 이러한 영적 위로라는 은사가 하나님에게 이르는 수단과 도움이 되고, 그럼으로써 보다 귀한 선이 됩니다. 우리는 그 위로를 이용해야 합니다. 여행하는 사람이 유익하기 때문에 마차를 이용하듯이, 우리도 위로를 이용해야 합니다. 우리는 하나님의 은사도 이용해야 합니다. 우리가 즐겨야 할 대상은 하나님뿐입니다.

베드로는 이 해악을 조심하라고 했습니다. 그는 정신을 차리고 근신하여 깨어 있으라고 권고했습니다. 이 위로에 파묻혀 잠들지 말라고 경고합니다. 잠든 사람은 반쯤 죽은 사람 같아서 스스로 행동하지 못합니다. 그러므로 우리는 감각들이 깨어 있어 용맹하고 근신해야 합니다. 근신하는 사람은 자신의 일을 용감하고 지혜롭게, 그리고 기분 좋게 수행합니다. 그런 까닭에 베드로는 "근신하라 깨어라 너희 대적 마귀가 우는 사자같이 두루 다니며 삼킬 자를 찾나니 너희는 믿음을 굳건하게 하여 그를 대적하라"고 말합니다(벧전 5:8-9).

형제들이여, 졸거나 게으르지 말며, 하나님께 속한 것이 아닌 것에 집착하지 마십시오. 방심하지 말며, 주위 환경을 경계하고, 이성의 인도함을 받아 사랑의 갈망 안에서 자기 자신과 하나님께 주의를 기울이십시오.

제자들이 성령을 받기 위해서는 주님과 함께 하는 즐거움 속에 머물 수 없었습니다. 주님은 "내가 떠나가지 아니하면 보혜사가 너희에게로 오시지 아니할 것이라"고 말씀하셨습니다. 제자들은 내적으로나 외적으로 주 예수 그리스도의 현존 안에 잠겨 있었고, 그들의 마음과 영혼과 능력이 그 안에 흠뻑 젖어 있었으므로, 내면적이고 참된 영적 위안이 들어올 자리를 준비하려면 모든 것에 대한 집착에서 벗어나야 했습니다. 감각이라는 낮은 차원에 머물지 않고 성장하기 위해서는 비록 당장은 고통스러워도 표면적인 위로에서 벗어나야 했습니다. 일단 감각을 초월하면 보다 고귀한 능력, 즉 지성의 능력 안에 들어가게 되며, 그곳에서 고귀하고 거룩한 방법으로 위로를 받습니다. 이곳에서 우리는 영혼의 성소, 내면의 중심에 이르게 되는데, 그곳은 영적 위로가 거하기에 알맞은 곳입니다. 그러므로 그곳에서 본질적인 기쁨을 누리며 평온한 중에 충만한 생명에 동참하게 됩니다.

베드로는 "근신하여 기도하라 너희 대적이 우는 사자 같이 두루 다니고 있다"라고 말했습니다(벧전 5:8). 베드로가 말하는 기도는 어떤 기도입니까? 시편을 낭송하듯이 입으로만 줄줄 외우는 기도일까요? 베드로가 말하는 기도는 그런 기도가 아닙니다. 그가 말한 기도는 주님이 말씀하신 바 영과 진리로 드리는 기도입니다. 성인들이나 영적 교사들의 말에 의하면 기도란 우리의 마음을 하나님께로 올려 보내는 것입니다. 기도문을 읽거나 입으로 하는 기도는 이것을 이루는 데 도움을 주며, 그런 범위에서만 유익합니다. 옷이 나를 위해 사용되는 것이지 나 자신이 아닌 것처럼, 입으로 하는 기도는 그 자체로는 참된 기도가 되지 못하지만 참된 기도를 위해, 참된 기도로 인도해 주는 데 다소 도움이 됩니다. 참된 기도는 아무런 수단을 사용하지 않은 채 마음과 정신을 직접 하나님께 드리는 기도입니다. 이것이 기도의 본질입니다.

  이렇게 깊이 갈망하며 겸손하게 사랑으로 하나님께 드리는 기도가 참된 기도입니다. 그럼에도 불구하고 성직자들과 신자들, 그리고 성직록을 받는 사람들은 교회법에 규정된 기도 시간과 구도口禱의 암송에만 얽매여 있습니다. 그러나 표면적인 기도는 거룩하신 우리 아버지만큼 경건하지 못하며, 우리의 사랑을 받기에 합당하지 못합니다. 교사들 중의 교사이신 주님은 참된 기도를 드리셨고, 우리에게 그런 기도를 가르쳐 주셨습니다. 그것이 주님이 가르치신 기도이며, 천국에서 드릴 우리의 기도입니다. 하늘나라에서는 쉬지 않고 이 기도를 드리며 묵상합니다. 그 기도가 하나님에게 올라가는 순수한 기도입니다. 그것이 영혼을 위로 들어 올려 줍니다. 그리하면 하나님이 영혼 중에서 가장 순결하고 내면적이고 고귀한 부분, 즉 내면의 중심에 들어오십니다. 그곳에서 하나님과 내가 하나가 되어 연합의 상태가 되니다.

이와 관련하여 어거스틴은 "영혼에게는 시간과 공간이 닿지 않는 숨겨진 심연이 있는데, 그것은 육체에게 생명과 활동을 주는 그 무엇보다 더 우월한 것"이라고 말했습니다. 이 고귀하고 놀라운 영혼의 중심, 이 은밀한 영혼의 지성소에 하나님의 임재라는 복이 임합니다. 이곳에서 영혼이 영원한 안식처를 얻습니다. 영혼은 이곳에서 고요해지고 근원적이 되며, 단순해지고 모든 것에서 이탈하며, 순수한 상태에서 높이 올라가며 모든 사물로부터 더욱 멀어집니다. 이는 이 고귀한 영역 안에 하나님이 임재하시고 역사하여 다스리시고 거하시기 때문입니다. 이것은 영혼의 이전 상태와는 비교할 수 없는 것입니다. 이제 영혼은 신적 생명 자체를 소유합니다. 영은 완전히 하나님을 만나고, 만물 속에서 스스로 타오르며, 뜨거운 사랑의 불속으로 끌려 들어가는데, 그것이 하나님의 본성이요 본질입니다.

이런 사람들은 이렇게 높은 경지에 이르렀다가 다시 기독교에서 필요로 하는 것 속으로 내려와 거룩한 기도와 갈망 속에서 하나님께서 기도하기를 원하시는 모든 것을 위해 기도하기 시작합니다. 그들은 이웃을 위해 기도합니다. 이 사랑은 모든 사람들의 궁핍함을 포함합니다. 이것은 인간의 이기적인 욕망을 채우기 위해서 드리는 기도가 아닙니다. 이 기도는 단순하며 지혜로운 기도입니다. 지금 내가 이 강단에서 여러분을 한 눈에 볼 수 있듯이, 그들도 신적 관상의 상태에서 기도할 때 이 사랑의 불과 심연 속에 있는 모든 것을 품을 수 있습니다. 그리고 이 사랑스러운 심연, 사랑의 불을 응시하고 그곳에서 쉽니다. 그리고 그 속에 깊이 잠긴 뒤에 궁핍함을 느끼는 사람에게로 내려가서 사랑스럽고 고요한 어둠의 심연에서 휴식합니다.

이처럼 그들은 내면적인 일과 표면적인 일을 하지만, 자신의 본질과 생명이 존재하는 곳, 즉 그들이 활동하고 머물게 되는 고요한 내면의 중심에 항상 머뭅니다. 이런 사람에게서는 거룩한 생활만 발견됩니다. 이들의 행동과 행위와 생활이 모두 거룩해집니다. 이들은 거룩한 영혼들로서 기독교계 전체가 그들에게서 유익을 얻습니다. 그들은 만물에게 생명을, 하나님에게 영광을, 인류에게 위로를 줍니다. 그들은 하나님 안에 거하며, 하나님은 그들 안에 거하십니다. 그들은 어디에 있든지 찬양을 받아야 합니다.

하나님, 우리도 여기에 동참할 수 있는 은혜를 주십시오. 아멘.

성령 충만

이 설교는 오순절 설교로서 표면적인 것들로부터 벗어나 내면의 중심에 이르는 방법을 가르침으로써 성령이 우리의 영혼 안에서 거룩한 사역을 이루실 수 있는 거처를 예비할 수 있게 해준다.

"그들이 다 성령의 충만함을 받고"(행 2:4).

"그들이 다 성령의 충만함을 받고 성령이 말하게 하심을 따라 다른 언어들로 말하기를 시작하니라." 제자들이 하나님의 놀라운 사역에 대해 말하기 시작했습니다. 그날은 성령이 불의 혀 같은 모습으로 제자들 및 그들과 함께 있던 사람들에게 내려오신 놀라운 날이었습니다. 그 날은 낙원에서 사탄의 악한 권고와 인간의 연약함 때문에 잃었던 귀중한 보물이 회복된 날입니다. 그 날은 성령이 우리에게 다시 오신 날입니다.

성령이 강림하신 사건의 표면적인 상황은 우리를 놀라게 합니다. 그러나 그 안에 포함되고 숨겨져 있는 영적 실재는 피조물이 알 수 없고 상상할 수 없고 표현할 수도 없는 것이었습니다. 성령은 무한히 크고 풍성하시기 때문에 인간의 이성으로는 상상할 수 없습니다. 하늘과 땅 및 이 땅에 속해 있는 것들은 성령에 비교될 수 없습니다. 피조물 모두를 합하여 성령에 비교하면 마치 원자와 거대한 지구의 크기를 비교하는 것과 같을 것입니다. 피조물 전체를 합해도 성령의 매우 작은 부분보다 작을 것입니다. 그러므로 성령을 바르게 받아들이려면 성령께서 영혼 안에 자리를 예비하시고, 우리로 하여금 성령을 받아들이게 하시고, 또 자신을 받아들이기 위해서 먼저 그곳에 거하셔야 합니다. 성령은 피조물에 속한 것이 아닌 하나님의 심연에 받아들여져 그곳을 거처로 삼아 거하십니다.

"그들이 앉은 온 집에 가득하며." 하나님은 모든 일을 완전하게 이루십니다. 하나님은 영혼 안에 들어가 영혼의 구석구석까지 완전하게 채우십니다.

제자들은 성령을 충만히 받았습니다. 먼저 제자들이 성령을 충만히 받았을 때의 상황을 살펴보겠습니다. 당시의 상황은 지금 우리의 상황과 동일합니다. 성령이 임하셨을 때 제자들은 한 곳에 모여 조용히 있었습니다. 우리가 피조물을 버리고 온전히 하나님을 의지할 때 사랑이 풍성하신 성령이 각 사람에게 임하십니다. 우리가 그렇게 행하는 순간에 성령은 온갖 은사들을 가지고 임하셔서 영혼의 은밀한 곳, 가장 깊은 중심에 이르기까지 흘러넘치도록 주십니다. 반대로 우리가 하나님에게서 등을 돌리고 우리 자신이나 피조물을 의지할 때 성령은 우리에게서 모든 보화를 가지고 떠나가십니다. 이런 사람은 하나님 없이, 하나님을 떠나서 어디에서든지 자신의 유익만 구합니다.

제자들이 모여 있는 집에 성령이 가득하였습니다. 어떤 의미에서 이 집은 거룩한 교회를 의미하는 참 하나님의 거처입니다. 또 다른 의미에서 보면 그곳은 내면에 거하시는 성령을 모신 각 사람을 의미합니다. 한 채의 집 안에 많은 방이 있듯이, 한 사람 안에 많은 능력, 감각, 활동 등이 있습니다. 성령은 이 모든 것 안에 특별한 방법으로 들어가십니다. 성령은 우리에게 오셔서 자신의 영향력과 조명에 의해서 우리를 권면하시고 분발하게 하시고 힘을 주십니다. 그러나 모든 사람이 이러한 작용을 동일하게 인식하는 것은 아닙니다. 왜냐하면 성령은 의로운 영혼 안에 거하시기 때문입니다. 우리가 성령의 역사를 느끼고 그의 임재를 맛보기 원한다면, 표면적인 것들을 몰아내고 내면의 중심을 향해야 하며, 성령으로 하여금 우리의 내면에서 고요하고 평온한 중에 자신을 나타내시도록 해야 합니다. 이렇게 하면 우리가 먼저 성령을 알게 되고, 성령도 우리에게 자신을 나타내십니다. 우리가 성령을 알게 되는 분량은 우리가 성령에게 감동하는 분량에 비례합니다. 성령은 처음부터 인간에게 주어지지는 않지만 시간이 흐를수록 더욱 분명하게 자신을 계시하십니다.

제자들은 유대인들을 두려워하여 숨어 있었습니다. 오늘 우리에게도 도처에서 에워싸고 있는 유대인들을 피해서 숨고 도망해야 하는 일이 많습니다! 그들은 어느 집, 어느 모퉁이에든지 숨어 있습니다. 하나님 안에서 누리는 기쁨과 성령의 현현 및 그의 위로를 빼앗아가려 하는 유대인들을 조심하십시오. 우리는 주님의 제자들보다 천 배나 더 조심해야 합니다. 예수님 당시 유대인들이 제자들에게서 빼앗으려 했던 것은 육신의 생명뿐이었지만 오늘 우리에게서 하나님, 우리의 영혼, 그리고 영생을 빼앗아 갈 수도 있습니다. 위험할 정도로 가까이에 있는 이 "유대인들"을 조심해야 합니다. 조심하지 않으면 우리는 성령을 몰아내고 완전히 잃게 됩니다. 어떤 사람은 "저의 고해신부는 그것이 저에게 해가 되지 않을 것이라고 말씀하셨습니다. 저는 해가 될 정도로 그런 일을 행하지 않을 것입니다. 그저 약간의 오락과 기분 전환을 위해 하려는 것입니다"라고 말할 것입니다. 영원하고 사랑이 풍성하고 달콤하고 거룩한 선 안에서 기쁨과 즐거움을 느끼지 못하는 사람이 어찌 그런 일에서 즐거움을 느낄 수 있겠습니까? 자신을 파괴하려 하는 불쌍한 피조물들 속에서 어찌 기쁨과 만족, 즐거움과 평화를 발견할 수 있겠습니까? 어찌 우리를 지으신 순수하고 고귀한 보물, 보혜사 성령을 쫓아낼 수 있겠습니까? 이것이 해로운 일이 아니라고 생각합니까? 참으로 부끄럽고 안타까운 일입니다. 오로지 하나님과 거룩한 빛만 갈망하며 내면의 중심에 하나님을 향한 참된 동경심이 가득한 복되고 지혜로운 사람들을 피하지 마십시오. 그들은 세상으로 나갈 때조차도 내면에 평안히 머뭅니다. 그들이 어느 곳을 향하든지 그들에게는 성령과 평화로 가득합니다.

"제자들이 다같이 한 곳에 모였더니." 이 구절은 우리가 내적 능력과 표면적 능력을 모아야 한다는 것을 알려줍니다. 그렇게 하면 성령이 우리 안에 역사하실 공간을 발견하실 수 있습니다. 성령은 거처를 발견하시면 그곳에서 놀라운 일들을 행하십니다. 성령이 임하셨을 때 제자들은 한 곳에 자리를 잡고 앉아 있었습니다. 우리도 진리 안에 자리를 잡고 피조된 것들, 즉 기쁨과 슬픔, 의지와 복종 등을 하나님의 뜻 안에 두어야 합니다. 이 말은 영성생활을 하려는 모든 사람들에게 적용됩니다. 영성이란 하나님의 뜻과 하나가 되는 것, 하나님과 연합하여 일치를 이루는 것입니다. 이것이 하나님의 뜻에 반대되는 것을 고집하지 않고 구원받기를 원하는 모든 신자들이 지켜야 할 의무입니다. 때때로 우리는 종교인들이 반드시 온전해야 하느냐는 질문을 받습니다. 이에 대해서 성 토머스는 "종교인들은 온전함을 이루기 위해 애쓰면서 살아야 한다"라고 말했습니다.

영혼 안에 들어오신 성령은 일곱 가지 은사를 주시고, 그것들을 통해서 일곱 가지 사역을 행하십니다. 그 중 세 가지는 인간을 보다 온전하게 되도록 준비시키며, 나머지 넷은 그를 온전하게 합니다. 그것들은 영혼을 가장 높고 순수하고 고귀하고 참된 온전함의 단계로 인도합니다.

첫째 은사는 하나님에 대한 경외심입니다. 이것은 안전하고 믿을 만한 출발점으로서 우리가 최고의 단계에 이르기 위해서 반드시 거쳐야 하는 과정입니다. 이 은사는 안전하고 튼튼하고 강한 성벽입니다. 이것은 우리를 함정에 빠뜨리려 하는 모든 장애물과 결점들로부터 보호해 줍니다. 야생동물이나 새들이 자기를 잡으려는 사람들로부터 재빨리 피하여 도망치듯이, 우리가 죄라는 위험에 처할 때 거룩한 경외심은 우리에게 도망치라고 명령합니다. 하나님께서 자연에게 이러한 본능을 주셨듯이, 성령은 자기 백성들을 자신으로부터 분리시키려는 모든 장애물로부터 보호하기 위해 이 귀한 경외심을 나누어 주셨습니다. 이 경외심 덕분에 우리는 세상, 마귀, 그리고 우리 자신으로부터 보호를 받으며, 우리의 영적 휴식과 참된 하나님의 거처가 되는 내면의 평화를 앗아갈 모든 것들로부터 보호받을 수 있습니다. 우리의 본성이 변덕스러워서 하나님과 세상 사이에서 균형을 유지할 능력이 없으므로 우리는 이러한 위험의 근원에서 도망쳐야 합니다. 우리는 하나님께 완전히 자신을 맡기든지, 아니면 하나님 없이 지내게 됩니다. 하나님이 없으면 우리에게서 희망이 사라지고, 무겁고 절망적인 죄 속에 빠집니다. 하나님에 대한 경외심은 이러한 함정들을 피하는 방법을 가르쳐줍니다. 왜냐하면 이것이 지혜의 근원이기 때문입니다.

경외심이 주어진 후에 경건이라는 은사가 주어집니다. 이것은 우리를 보다 수용적인 단계로 인도해주는 은사입니다. 그것은 거룩한 경외심 때문에 생겨났으며, 우리를 절망 속에 빠뜨릴 수도 있는 무절제한 슬픔과 걱정에서 해방시킵니다. 이 은사는 우리를 고양高揚시켜 주고, 어떤 상황에서도 천국의 평안을 줍니다. 이것은 낙심과 고통과 완악한 마음을 제거해줍니다. 그리고 우리로 하여금 온유한 말과 행동으로 이웃을 대하게 해주며, 사람들을 평화롭고 인자하게 대하며 사려 깊게 행동하게 합니다.

이 특성은 처음에는 하나님에 대한 경외심에 의해서 가능하게 되는 것으로서 성령을 거슬러 밀어내는 조급함으로부터 우리를 보호해 줍니다.

세 번째로 임하는 은사는 영혼을 보다 높은 경지로 이끌어갑니다. 이처럼 성령은 항상 하나의 은사를 주신 후에 다음 은사들을 차례로 주시는데, 나중에 주어지는 은사가 먼저 주어진 은사보다 더 완전함에 이르는 지름길로 우리를 인도합니다. 세 번째 은사는 지식의 은사입니다. 그것은 우리로 하여금 내면적으로 성령의 권고와 조언에 귀를 기울일 수 있게 해줍니다. 주님은 "진리의 성령이 오시면 그가 너희에게 모든 것을 알리시리라"고 말씀하셨습니다. 이는 우리에게 필요한 모든 것을 가르쳐 주신다는 말입니다. "모든 것"은 "결과가 악할 수도 있으므로 항상 조심하라. 이렇게 말하지 말라, 저렇게 행동하지 말라, 그곳에 가지 말라"는 등의 경고일 것입니다. 또 "이렇게 행동하라, 지금 행동에 옮기라, 참고 인내하라"는 권고일 수도 있습니다. 성령은 우리의 영을 육을 초월한 영적인 세계, 매우 고귀한 세계로 인도하려 하십니다. 성령은 우리의 육이 덕을 실천하고 시련과 고통을 견뎌내며 고귀함을 유지하기 원하십니다. 하나님은 우리의 영과 육이 각기 제 위치를 유지하며 두려움을 버리고 수천 배나 더 고귀한 권위 안에서 다시 연합되기를 원하십니다.

이 지식의 은사를 충실히 받아들인 사람에게 네 번째 은사인 견인堅忍의 은사를 주십니다. 성령은 이 은사를 사용하셔서 우리로 하여금 인간적인 것들, 즉 연약함과 두려움을 벗어나서 높은 곳으로 올라가게 하십니다. 순교자들은 이 은사를 받았기 때문에 하나님을 위해서 기꺼이 죽음을 맞을 수 있었습니다. 이 은사가 인간을 고결하게 만들어주기 때문에 우리는 모든 일을 참고 기꺼이 행하며 견뎌냅니다. 그렇기 때문에 바울은 "내게 능력 주시는 자 안에서 내가 모든 것을 할 수 있느니라"고 말합니다(빌 4:13). 바울은 이 은사로 힘을 얻었기 때문에 불이나 물이나 죽음을 두려워하지 않았습니다. 이 은사를 받은 사람은 바울처럼 "높음이나 깊음이나 다른 어떤 피조물이라도 우리를 우리 주 그리스도 예수 안에 있는 하나님의 사랑에서 끊을 수 없으리라"(롬 8:39)고 말할 수 있을 것입니다. 이 은사를 받은 사람은 영적으로 튼튼해져서 대죄大罪를 범하지 않음은 물론이요, 죽을지언정 소죄小罪를 범하여 하나님을 노하시게 하지 않으려 합니다. 성자들은 이런 경우에 차라리 죽음을 택하는 편이 낫다고 말합니다. 이것이 우리가 다루려고 하는 문제는 아니지만, 하나님께 대해 대죄를 범하기보다는 죽는 편이 낫습니다. 인간은 이 지식의 은사를 통해서 놀라운 일들을 이룰 수 있습니다.

성령이 영혼 안에 들어오실 때 큰 사랑, 빛, 기쁨, 위로 등을 가지고 오신다는 것을 알아야 합니다. 그분은 보혜사이십니다. 그러나 분별없는 사람이 이 은사를 알게 되면 기뻐하며, 그것을 향해 나아가며 크게 만족합니다. 그러나 그가 사랑하는 것이 즐거움이기 때문에 진정한 선을 상실합니다. 지혜로운 사람은 이 은사를 분별없는 사람들과는 다르게 취급합니다. 그는 모든 은혜와 은사를 초월하여 근원으로 나아가서 마침내 복되고 순수한 사랑에 도달합니다. 그는 이리저리 두리번거리지 않고 변함없이 하나님을 바라봅니다.

이제 다섯째 은사인 권고가 임합니다. 이것은 우리에게 매우 필요한 은사입니다. 이 단계에 이르면 하나님은 우리가 시련을 당할 때 어떻게 처신하는지 보시며, 또 처신하는 방법을 알게 하시기 위해서 이전에 주셨던 은사들을 모두 제거하시고 홀로 버려두십니다. 이제 하나님은 우리를 깊은 곳에 침몰시키십니다. 그리하여 하나님의 지식이나 은혜나 위로, 또는 우리를 비롯하여 선한 사람들이 이제까지 얻었던 것들이 전혀 우리에게 남지 않게 됩니다. 이 모든 것들이 완전히 제거되고 감추어집니다. 우리가 이러한 상태에 있을 때 하나님이 원하시는 길로 가기 위해서 권고의 은사가 필요합니다. 우리는 이 은사의 도움을 받아 자신을 버리고 자기에 대해서 죽는 법을 깨닫습니다. 그리고 과거에 우리의 구원과 기쁨과 위로를 발견했던 곳인 거룩하고 순수한 선을 빼앗아 가시는 하나님의 두렵고 은밀한 심판에 순종하게 됩니다.

이렇게 자아를 벗어버린 영혼은 완전히 하나님께 순종합니다. 영혼은 하나님의 의지 속에 깊이 잠겼기 때문에, 만일 하나님이 원하신다면 가난하고 헐벗은 상태에서 일 주일이나 한 달이 아니라 수천 년, 영원히 거하려 할 것입니다. 영원한 지옥의 고통을 겪는 것이 하나님의 뜻이라면, 영혼은 그 뜻에 복종할 것입니다. 이것이 참된 자기부인입니다. 이것에 비교할 때 수천 개의 세상을 잃는 것은 사소한 것에 불과합니다. 그렇기 때문에 하나님의 강력한 위로를 내면에 소유하고 있었던 성인들은 가벼운 마음으로 기꺼이 자신의 생명을 제물로 드릴 수 있었습니다. 그러나 이것은 영혼이 하나님을 박탈당하는 시련을 통해서 경험하는 바 하나님을 상실할 때 느끼는 슬픔에 비교하면 아무것도 아닙니다. 하나님을 상실할 때의 고통은 모든 것을 능가합니다.

이에 덧붙여서 이미 극복했던 유혹과 불행들이 전보다 훨씬 강력하게 영혼을 공격합니다. 이때 영혼은 자신을 하나님의 팔에 맡겨야 합니다. 영혼을 제멋대로 하게 내버려둔다면 내면에 머물지 못하고 이리저리 방황하며 돌아다닙니다. 그러나 이제 모든 것을 극복하고, 자신을 깊은 곳에 맡겨야 합니다. 베드로가 일흔 번씩 일곱 번을 용서하라고 한 이유가 무엇입니까? 제멋대로 하는 인간은 매우 약하기 때문입니다. 인간은 밤낮으로 일흔 번씩 일곱 번이 아니라 무수히 용서를 받습니다. 그는 하나님을 의지하고 믿음을 고백할 때마다 용서를 받습니다. 자신의 약함을 고백하고 하나님에게 돌아오는 것은 선하고 귀한 일입니다. 다른 일에 있어서도 마찬가지겠지만, 이 일에 있어서 우리는 권고의 은사를 따라 모든 것을 버리고 극복하고 하나님의 뜻인 중심, 즉 근원으로 돌아가야 합니다.

우리는 처음에 주어지는 세 가지 은사의 도움을 받아 선하고 거룩한 사람이 될 수 있습니다. 그리고 마지막에 주어진 은사가 우리를 신령하게 해주고 하나님이 보시기에 선한 사람이 되게 해줍니다. 이렇게 하나님께 자신을 맡김으로써 영혼이 영생에 들어갑니다. 한 번 이러한 시련을 겪은 후에는 다시 시련을 겪지 않습니다. 지옥이나 고난을 겪지 않으며, 하나님에게서 버림받지도 않습니다. 하나님은 스스로를 버리시지 않듯이, 근원이 되시는 유일하신 하나님께 자신을 완전히 맡기는 영혼을 버리시지 않습니다. 온 세상의 모든 고난과 고통이 닥쳐와도 영혼은 마음을 빼앗기지 않을 것이며, 그 때문에 해를 입지도 않을 것입니다. 만물은 이러한 영혼들의 왕국이며, 그는 그곳에서 머물며 활동하기 때문에 순전한 기쁨을 느낄 것입니다. 그들은 세상에 있으면서 또 한 발을 내딛어야 합니다. 그리하면 곧 영생 안에 있게 됩니다. 그것은 그들이 이 세상에 있는 동안에 시작되어 영원히 지속될 것입니다.

이제 마지막 두 가지 은사에 대해서 알아보겠습니다. 그것은 지혜와 명철, 즉 하나님을 맛보는 은사입니다. 이 두 가지 은사는 하나님을 알고 깨닫고 하나님의 존재 안에서 기쁨을 누리는 영혼을 인간의 방법이 아닌 초자연적인 방법을 통해 신적 심연 속으로 인도합니다. 영혼은 이 심연 속에 깊이 침몰하여 스스로의 존재를 잊고, 말이나 관념, 느낌이나 인식, 지식이나 사랑 등도 알지 못하게 됩니다. 그 안에는 순수한 하나님의 단순성, 불가해한 심연, 하나의 실존, 하나의 영만 존재합니다. 이제 하나님은 본성적으로 하나님 자신인 것을 영혼에게 은혜로 주시며, 이름도 없고 공인된 적도 없고 길도 없는 자신의 존재와 영혼을 결합시키십니다. 이곳에서 영혼에게 발생하는 일은 하나님이 친히 하시는 일입니다. 하나님이 행동하고 깨닫고 사랑하고 찬양하고 즐거워하시며, 영혼은 거룩하게 순종하며 그것을 따릅니다. 영혼이 인간과 천사들의 피조 된 지성이 미칠 수 없을 정도로 고귀하게 되었기 때문에, 영혼이 어떻게 지내는지를 설명하는 것은 하나님의 본질 자체를 표현하거나 상상하는 것만큼 불가능합니다. 성령은 자신을 위해 처소를 예비하고 주인으로 영접하여 따르려는 사람들을 이런 곳으로 인도하십니다.

오늘, 그리고 항상 우리에게 임하시며 영접할 준비가 된 사람들에게 매일 매 시간 임하시는 성령을 따르며, 모든 것을 버리는 일은 무척 기쁜 일입니다.

하나님, 우리로 하여금 고귀한 태도로 성령을 영접하게 해 주십시오. 아멘.

나는 양의 문이라

오순절에 대한 이 세 번째 설교로서, 타울러는 문을 통해서 양 우리에 들어가야 한다고 강조한다. 이것은 우리가 하나님만 바라보며 아무것도 그 사이를 가로막지 못하게 해야 함을 의미한다. 또 우리의 영성생활 중 어느 것도 인간의 이성적 능력에서 비롯된 것으로 여기지 말며 이웃을 정죄하지 말라고 알려준다.

"내가 진실로 진실로 너희에게 이르노니 문을 통하여 양의 우리에 들어가지 아니하고 다른 데로 넘어가는 자는…"(요 10:1).

어느 날 주님이 제자들에게 이렇게 말씀하셨습니다: "내가 진실로 진실로 너희에게 이르노니 문을 통하여 양의 우리에 들어가지 아니하고 다른 데로 넘어가는 자는 절도며 강도요 문으로 들어가는 이는 양의 목자라 문지기는 그를 위하여 문을 열고 양은 그의 음성을 듣나니 그가 자기 양의 이름을 각각 불러 인도하여 내느니라 자기 양을 다 내놓은 후에 앞서 가면 양들이 그의 음성을 아는 고로 따라오되 타인의 음성은 알지 못하는 고로 타인을 따르지 아니하고 도리어 도망하느니라"(요 10:1-5).

제자들이 이 비유를 이해하지 못했기 때문에 주님은 다시 말씀하셨습니다: "나보다 먼저 온 자는 다 절도요 강도니 양들이 듣지 아니하였느니라 내가 문이니 누구든지 나로 말미암아 들어가면 구원을 받고 또는 들어가며 나오며 꼴을 얻으리라"(요 10:8-9). 주님은 자신이 양 우리의 문이라고 말씀하셨습니다. 주님이 문이 되시는 양 우리는 성부의 마음을 비유합니다. 모든 인간이 이 우리에 에워싸여 있지만, 자비하신 그리스도께서 성부의 마음의 문이 되어 인간을 자유하게 해주셨습니다. 이 우리 안에 모든 성도들이 모입니다. 목자는 영원하신 말씀이며, 문은 그리스도의 인성이며, 양은 인간의 영혼입니다. 천사들이 이 우리 안에 있으면서 문을 열어 주어 이성을 가진 피조물들이 영원하신 말씀이 목자가 되어 임하여 계신 이 우리 안에 들어올 수 있게 해줍니다. 암브로스Ambros와 제롬Jerome이 말한 것처럼 모든 진리가 성령을 통해서 성립되고 표현됩니다.

성령이 우리의 마음을 자극하시고 격려하시고 위로하시며 끝까지 우리를 저버리지 않으신다는 것을 우리는 알고 있습니다.

내면적으로 하나님과 함께 하는 사람들은 신앙의 경험을 통해서 이 말의 의미를 이해할 수 있을 것입니다. 성령은 자비하고 부드럽게 성부의 마음으로 통하는 문을 열어 주시며, 여기에 숨겨 놓은 보물, 즉 이 거처의 기쁨과 풍성함을 누리라고 끊임없이 명령하십니다. 하나님은 매우 개방적이시며, 쉽게 찾아뵐 수 있으며, 우리를 잘 받아주십니다. 매일 매 시간 매 순간 얼마나 신속하게 우리에게 임하시는지 상상할 수 없고 이해할 수도 없습니다. 그런데 우리는 이러한 권면과 사랑의 초대를 무시하고 거부해 왔습니다. 에스더서를 보면 아하수에로 왕이 잔치를 열고 왕후 와스디를 청했습니다. 그런데 잔치가 시작되었는데도 왕후가 나타나지 않았습니다. 성난 왕은 그녀를 쫓아내고 다시는 그의 앞에 오지 못하게 했습니다. 그리고 와스디 대신에 에스더를 왕후로 택했습니다. 사랑하는 형제들이여, 우리는 얼마나 많은 성령의 간청과 초대를 거부해 왔습니까! 이는 피조물 때문입니다. 하나님이 우리를 원하시는데, 우리는 다른 것을 원하고 있습니다.

문지기는 자기 양들을 불러냅니다. 영원한 성부의 말씀이신 목자도 양들의 이름을 불러 이끌어냅니다. 그가 앞서 가면 양들이 따라갑니다. 목자가 자기 양들을 불러 어느 곳으로 인도합니까? 양의 우리, 즉 성부의 마음속으로 인도합니다. 그곳에 그의 가정, 거처, 안식처가 있습니다. 그러나 그곳에 이르려면 문을 통과해야 합니다. 이 문이 인성 안에 계신 그리스도이십니다. 하나님만 갈망하며 그 음성을 듣는 사람들은 그분의 양입니다. 그들은 다른 것을 구하지 않고 하나님의 영광과 하나님의 뜻만 구합니다. 목자가 앞에서 가면 양들이 목자를 따라갑니다. 양들은 다른 목자의 음성을 알지 못하기 때문에 그를 따라가는 것이 아니라 오히려 도망합니다. 그들은 목자 되신 그리스도의 음성을 알기 때문에 따라갑니다.

그리스도는 자신이 진리에 이르는 문이며, 그 문이 아닌 다른 곳을 통해 들어가는 자는 절도요 강도라고 말씀하셨습니다. 절도는 누구를 의미합니까? 그것은 우리 안에 들어가기 위해서 자신의 재주와 교묘한 추리력을 의존하는 사람, 순수하고 단순한 마음으로 하나님을 사랑하지 않는 사람입니다. 주님이 겸손하게 자신을 버리시면서 보여주신 본보기를 따르지 않고, 주님께 순종하며 자기를 부인하지 않는 사람입니다. 이런 사람은 다른 문을 통해서 양의 우리에 들어갑니다.

그러면 그곳에서 양을 훔치는 절도는 누구입니까? 그것은 인간 본성 안에 있는 믿을 수 없는 가시, 더러운 기생충입니다. 그것은 모든 것을 자기 것으로 삼으려 하고, 하나님과 피조물에게서 취할 수 있는 것을 모조리 가지려 하는 비열한 인간성입니다. 이런 사람은 이기심이 가득하므로 자신의 탐욕을 충족시키기 위해서 무슨 일이든 행합니다. 그는 스스로 전능하다는 망상에 사로잡힌 자요, 쾌락이나 위로나 순간적인 기쁨을 누리려 하는 자입니다. 오로지 위대하고 부요해지고 영광 받기를 원하는 자입니다. 지식과 권세를 얻어 훌륭한 사람이 되기를 원하며, 자신이 항상 중요한 인물이라고 생각하는 자입니다. 이런 사람은 야비한 방법으로 하나님에게서 영광을, 인간에게서는 모든 진리와 온전함을 도둑질해 가는 절도입니다. 이 절도가 인류에게 입힌 피해는 무척 큽니다. 이 피해는 지금까지 교수형을 받은 흉악한 강도들이 끼친 피해들을 합한 것보다 훨씬 클 것입니다. 조심하십시오. 경계하십시오. 항상 깨어 지키십시오.

그런데 그리스도가 언급하신 강도는 누구입니까? 그것은 이웃을 비판하는 성향으로서 말할 수 없이 해로운 것입니다. 이 성향은 인간의 본성 속에 깊이 뿌리박고 있으며, 많은 사람들이 이러한 성향을 가지고 있습니다. 이것은 사람들로 하여금 자기 자신을 판단하지 않고 이웃을 비판하게 하는 악한 성향입니다. 이런 성향을 가진 사람은 이렇게 말합니다: "이 사람은 말이 너무 많고 저 사람은 너무 말이 없다. 이 사람은 밥을 너무 많이 먹고 저 사람은 너무 적게 먹는다. 이 사람은 너무 눈물이 많고 저 사람은 울어야 하는데도 울지 않는다." 우리는 온갖 상황에서 이 파괴적인 비판에 접합니다. 이 비판은 심오한 멸시를 일으키는데, 그것이 그 사람의 행동과 말에 나타납니다. 그러므로 한 사람이 이웃을 악하게 비판함으로써 자신이 지닌 것과 동일한 상처를 이웃에게 입힙니다. 마침내 이 모든 비판이 자신에게 돌아올 때, 그는 치명적인 충격을 받을 것입니다.

우리는 자신의 이웃에 대해 얼마나 알고 있습니까? 하나님이 그에게 원하시는 것이 무엇인지, 그를 어떤 운명으로 부르셨는지 알고 있습니까? 우리는 이웃에 대해 알지 못하면서도 이웃의 일을 우리 마음대로 행하고 이웃을 지배하고 싶어 합니다. 하나님의 뜻을 생각하지 않으며, 그릇된 판단에 의해서 하나님의 뜻을 몰아내려 합니다. 이러한 악한 행위가 종교인들 사이에서 말할 수 없이 큰 해를 끼칩니다. 그들은 주님이 말씀하신 것을 잊고 있습니다: "비판을 받지 아니하려거든 비판하지 말라 너희가 비판하는 그 비판으로 너희가 비판을 받을 것이요 너희가 헤아리는 그 헤아림으로 너희가 헤아림을 받을 것이니라"(마 7:1-2). 우리는 표면적으로 볼 때 대죄가 아닌 행위를 비판하지 말아야 합니다. 그러나 만일 비판해야 하는 위치에 섰을 때에는 우리를 통해서 성령이 판단하시도록 해야 합니다. 하나의 상처를 치료하려다가 열 개의 상처를 만들지 않도록 적절한 시기에 온유하고 겸손하게 행동해야 합니다. 난폭하고 경솔하게 하지 말고 사랑과 관용의 태도로 해야 합니다. 이렇게 행하지 않는 사람은 빛 가운데서 행하는 것이 아니라 어둠 속에서 행하는 사람입니다.

형제들이여, 우리 자신을 알아야 합니다. 우리 자신을 판단하여 자신의 삶 전체에 죄가 가득 차 있음을 깨달아야 합니다. 우리가 온갖 즐거움이 있는 양의 우리 안에 들어가기를 원한다면, 우리 자신을 판단해야 합니다. 이웃으로 하여금 하나님과 함께 그들 자신의 문제들을 해결하도록 내버려 두십시오. 우리가 이웃을 비판하고 정죄한 만큼 우리 자신도 비판과 정죄를 받는다는 것을 명심하십시오.

만일 강도가 자신의 내면을 살펴본다면 분별력이 있는 예리한 눈으로 자신을 판단할 것입니다. 이 강도는 자신의 내면 깊은 곳에 잠복해 있는 도둑, 즉 하나님의 영, 하나님의 혼, 은혜, 그리고 온갖 보물이 담겨 있는 보물 상자를 이미 도둑질했고 지금도 도둑질하고 있는 해로운 주제넘음이 숨어 있음을 발견할 것입니다. 강도는 이 도둑을 붙잡아 죽입니다. 간혹 이 둘이 서로 싸

우다가 둘 다 죽는 경우가 있습니다. 이것은 매우 유익한 일입니다. 그렇게 되면 모든 비판이 하나님 안에서, 하나님의 뜻 안에서, 하나님의 중심 속에서, 하나님이 선택하시는 방법에 따라 죽어 없어집니다. 절도와 강도가 모두 죽으면, 근본적인 참 평화가 올 것입니다.

그런 상태의 사람은 제대로 된 옳은 문을 통해서 양의 우리에 들어가는 복을 받을 것이며, 문지기는 그를 곧바로 성부의 심연 속에 들여보내 줄 것입니다. 그는 그곳에서 푸른 초장을 마음대로 다닙니다. 그는 헤아릴 수 없는 축복 속에서 하나님의 깊은 곳에 뛰어들 것입니다. 그리고 심오한 즐거움과 기쁨 속에서 그리스도에 의해 거룩해진 새로운 인성 속으로 다시 떠오릅니다. 이런 사람에게서 "내가 친히 내 양의 목자가 되어 그들을 누워 있게 할지라"는 말씀이 실현될 것입니다. 그곳에서는 활동과 휴식이 동일합니다. "그 우리를 이스라엘 높은 산에 두리니 그들이 그곳에 있는 좋은 우리에 누워 있으며 이스라엘 산에서 살진 꼴을 먹으리라." 그 때 이 자비하고 귀하신 목자, 영원한 말씀이 사랑하는 양들 앞에서 걸어가실 것이며 양들이 그를 따라갈 것입니다. 그들은 귀하고 맛있는 음식을 풍족하게 먹을 것입니다. 그들은 영원히 먹고 맛보고 즐기게 하기 위해서 주신 하나님의 복을 나누어 받을 것입니다.

하나님, 우리에게 이러한 푸른 초장을 예비해 주십시오.
아멘.

성령 강림

삼위일체에 대한 이 설교로서, 형상 없는 형상이 실제로 영혼의 가장 깊은 중심에 어떻게 거하는지를 설명한다. 만일 인간이 그 내면의 중심으로 침몰해 들어간다면, 감각적인 형상들과 세속적인 애착에서 벗어난다면, 그는 하나님의 은혜로 말미암아 이곳에서 하나님이 본성적으로 소유하시는 것을 발견할 수 있다.

"우리는 아는 것을 말하고 본 것을 증언하노라"(요 3:11).

주님은 "우리는 아는 것을 말하고 본 것을 증언하노라 그러나 너희가 우리의 증언을 받지 아니하는도다 내가 땅의 일을 말하여도 너희가 믿지 아니하거든 하물며 하늘의 일을 말하면 어떻게 믿겠느냐 하늘에서 내려온 자 곧 인자 외에는 하늘에 올라간 자가 없느니라"고 말씀하셨습니다(요 3:11-13). 이 말씀은 거룩하고 영광스러운 삼위일체 축일에 관한 복음서의 말씀입니다.

우리가 연중 지키는 모든 축일들이 이 삼위일체 축일을 통하여 그 안에서 절정에 이릅니다. 그것은 마치 피조물, 특히 이성적인 피조물이 취하는 진로의 목표와 종착점이 거룩한 삼위일체 안에 있는 것과 같습니다. 어떤 의미에서 볼 때 삼위일체는 시작이요 끝이기 때문입니다. 복된 삼위일체를 말로 설명하는 것은 대단히 어려운 일입니다. 그러나 우리는 어쩔 수 없이 이 말로 표현할 수 없는 고귀한 삼위에 대해 인간의 언어를 사용하여 이야기해야 합니다. 삼위일체를 말로 설명하는 것은 우리의 머리를 하늘에 닿게 하는 것만큼이나 불가능한 일입니다. 우리가 삼위일체에 대해 생각하고 말하는 모든 것은 마치 바늘 끝으로 하늘과 땅을 찌르는 것처럼 실재의 지극히 작은 부분 외에는 접근하지 못하기 때문입니다. 바늘로 하늘을 찌르는 것의 백분의 일, 천분의 일만큼도 실재에 접근하지 못합니다.

근본적으로 통일체이신 하나님이 본질에 있어서는 한 분이면서 어떻게 세 개의 위격으로 존재하시며 어떻게 서로 구별되시는지, 아버지가 어떻게 아들을 탄생시키셨는지, 어떻게 아들이 아버지로부터 발현하면서도 그 안에 남아있는지(아버지는 자신을 포함하시면서 영원한 말씀을 발하십니다), 아버지로부터 발현하는 이 함축된 상태로부터 형언할 수 없는 사랑, 즉 성령이 어떻게 흘러나오는지, 이 놀라운 발현 과정들이 말할 수 없는 기쁨과 즐거움 속에서 어떻게 다시 본질적인 단일 상태로 흘러들어 가는지, 능력과 지혜와 사랑에 있어서 아버지와 아들이 얼마나 동등하신지, 아들과 성령이 어떻게 한 분이 되시기도 하는지 등은 인간의 지성으로 결코 이해할 수 없습니다. 또 삼위가 연합된 본질 안에서 말로 표현할 수 없는 방법으로 발현하시지만, 이 삼위들 사이에는 표현할 수 없을 만큼 큰 차이가 있습니다. 이 주제에 대해서 많은 말을 할 수 있지만, 지극히 높고 풍성하신 통일체가 어떻게 삼위를 나타내시는지에 대해서는 설명할 수 없습니다.

삼위의 활동에 대해서 말로 설명하는 것보다는 직접 체험하는 것이 더 좋은 방법입니다. 우리는 이 신비를 자세히 조사하려 하지 않습니다. 왜냐하면 우리가 이 세상 사물에 대해 사용하는 말을 빌려서 그것을 설명하려 하는데 그 주제는 인간의 지성으로는 알 수 없을 만큼 고귀한 것이며, 우리의 지성과 그 주제 사이에 큰 차이가 있기 때문입니다. 천사들도 이 주제를 이해하지 못합니다. 학자들이 이 주제에 대한 학문적인 강연을 해야 합니다. 그들은 신앙을 수호하기 위해서 강연하며, 그 주제에 대해 중요한 저서들을 집필하기도 합니다. 우리는 단순하게 믿어야 합니다.

성 토머스는 "누구도 이러한 진리들을 성령이 주신 근원에서 추구하고 경험한 박사들이 주장한 것을 능가할 수 없다"라고 말했습니다. 이것만큼 감미롭고 기분 좋은 주제가 없고, 이에 관해 오류에 빠지는 것만큼 슬픈 일도 없습니다. 그러므로 이 신비에 대해서 논쟁하려 하지 말고, 자신을 전적으로 하나님께 맡기고 단순히 믿으십시오. 위대한 학자들에게도 이것이 가장 좋은 방법입니다. 추론하는 데 있어서 그들이 지금보다 더 신비하게 잘 할 수 없습니다. 그러나 우리는 말로써가 아니라 실제로, 인간의 이성을 사용하지 말고 본질적이고 참되게 삼위께서 우리 영혼의 중심에 태어나실 수 있게 해야 합니다. 우리는 하나님의 신비를 구하며, 어떻게 해야 그분의 형상을 이룰 수 있는지 추구해야 합니다. 하나님의 형상은 본질적으로 지고한 것이지만, 우리 영혼 속에 본성적으로 실제로 참되고 분명하게 거하고 있습니다.

무엇보다도 우리 안에 복되고 특별한 방식으로 거하고 있는 이 고귀한 형상을 소중히 여겨야 합니다. 하나님이 우리의 이해 능력을 초월하는 방식으로 이 형상 안에 거주하시므로, 누구도 이 형상의 고귀함을 제대로 표현할 수 없습니다.

학자들은 여러 가지 자연적인 방법으로 이 형상의 본질과 본성을 표현하려 하며 논의합니다. 그들은 이것이 영혼의 가장 고등한 능력들, 즉 기억과 지성과 의지에 속한 것이며 우리로 하여금 복된 삼위일체를 받아들여 누리게 해준다고 주장합니다. 물론 일리가 있는 주장이지만, 그것은 이 신비를 본성의 질서 안에 두려 하는 가장 낮은 수준의 인식입니다. 성 토머스는 "완전한 형상은 활동, 즉 우리의 능력들을 발휘하는 데 존재한다"라고 했습니다. 다시 말해서 적극적인 기억과 활동적인 지성과 의지 안에 있다는 말입니다. 토머스 성인은 그 이상의 말을 하지 않았습니다.

그러나 다른 신학자들은 삼위일체의 형상이 영혼의 가장 깊고 친밀하고 은밀한 중심에 존재하며, 하나님이 이곳에 본질적으로, 적극적으로, 그리고 실질적으로 임재하신다고 말합니다. 이것은 매우 중요한 사실입니다. 하나님은 이곳에서 활동하시고 존재하시며 즐거워하십니다. 이 내면의 중심에서 하나님을 분리하는 것은 하나님에게서 하나님을 떼어내는 것만큼이나 불가능한 일입니다. 이것이 하나님의 영원한 섭리입니다. 하나님이 본질적으로 소유하시는 것을 영혼은 은혜로 말미암아 내면의 중심에 소유합니다. 인간이 자신을 포기하고 내면의 중심을 향하는 정도에 따라 은혜가 증가합니다.

이교 교사인 프로클루스Proclus는 이 주제에 대해 다음과 같이 말했습니다: "자기보다 열등한 형상들에게 사로잡혀 있어 그것들을 초월하지 못하는 사람은 결코 이 깊음에 도착하지 못할 것이다. 이 깊은 중심이 우리 안에 있다고 믿는 것은 망상인 것처럼 보이며, 우리는 그것이 우리 안에 존재할 수 있을지 의심한다. 그러므로 그것이 존재한다는 것을 경험하려 한다면, 자신의 다양성을 완전히 버리고 눈과 지성으로 이 한 가지에만 집중해야 한다. 또 보다 높은 수준으로 도약하기를 원한다면 이성적인 방법들을 버려야 한다. 이는 이제 이성이 우리보다 하위에 존재하기 때문이다. 그렇게 되면 우리는 유일하신 분과 연합하게 될 것이다." 그는 이러한 상태를 신적인 어둠—고요하고 적막하고 평온하며 모든 감각의 인식을 초월한 상태—이라고 말합니다.

이교 철학자가 이러한 진리를 깨닫고 이해했는데, 우리가 그만큼도 이해하지 못하는 것은 매우 부끄러운 일입니다. 주님이 "하나님의 나라가 우리 안에 있다"라고 말씀하신 것도 동일한 진리를 나타낸 것입니다. 그것은 우리의 능력들을 초월하며 내면의 깊은 곳에서 발견되어야 합니다. 복음서에서는 "우리는 아는 것을 말하고 본 것을 증언하노라 그러나 너희가 우리의 증언을 받지 아니하는도다"라고 말합니다(요 3:11). 감각에 의해서만 살아가는 사람이 어떻게 이 증언을 받을 수 있겠습니까? 그런 방식으로 살아가는 사람은 감각을 초월하는 것들을 망상이라고 여깁니다. 주께서는 "하늘이 땅보다 높음 같이 내 길은 너희의 길보다 높으며 내 생각은 너희의 생각보다 높음이니라"(사 55:9)고 말씀하셨고, 오늘 말씀에서도 "내가 땅의 일을 말하여도 너희가 믿지 아니하거든 하물며 하늘의 일을 말하면 어떻게 믿겠느냐"(요 3:12)라고 말씀하십니다. 얼마 전에 "상처 입은 사랑"wounded love에 대해 설교하면서 세상의 일만 다루었는데, 여러분은 제 말을 이해할 수 없다고 말했습니다. 그러니 어떻게 영적이고 신적인 일을 이해하기를 기대할 수 있겠습니까?

우리는 무척 많은 표면적인 일들과 관계하면서 항상 바삐 움직이고 있습니다. 이것은 주님이 말씀하신 바 "우리는 본 것을 증언하노라" 하신 증언이 아닙니다. 주님이 말씀하시는 증언은 감각적인 형상을 초월한 것으로서 우리의 내면 깊은 곳에서 발견됩니다. 하늘 아버지는 이 내면의 중심에서 눈 깜박할 사이보다 더 빨리 독생자를 탄생시키십니다. 이 일은 영원히 새로운 영원 속에서 말할 수 없이 영광스러운 아버지의 존재 안에서 신속하게 일어납니다. 이것을 경험하려는 사람은 표면적인 능력과 내면적인 능력을 초월하며, 이제까지 외부에서 얻은 모든 상상을 초월하여 내면을 향해야 합니다. 그리하면 내면의 중심에 스며들어 그 속에 잠기게 됩니다. 그 때 성부의 능력이 임하셔서 독생자를 통하여 영혼을 자신에게로 불러들이십니다. 그리고 성자가 성부에게서 태어나 성부에게로 돌아가듯이, 인간도 성자 안에서 성부로 말미암아 태어나 성자를 통하여 성부에게 들어가 그와 하나가 됩니다. 하나님은 "너는 나를 아버지라 부르며 영원히 내 뒤를 따를 것이라. 오늘 내가 내 아들 안에서 아들을 통해서 너를 낳았다"라고 말씀하십니다. 이제 성령이 넘치는 사랑과 기쁨 안에서 자신을 쏟아내시며, 우리 영혼의 중심에 놀라운 은사들을 넘치도록 주십니다.

이 은사들 중 두 가지는 적극적인 은사, 즉 경건과 지식입니다. 이 은사들은 우리를 자비하고 온유하게 만들어줍니다. 지식의 은사는 가장 유익한 길을 분별할 수 있게 해줍니다. 그러나 이 은사들보다 덕행德行이 선행해야 합니다. 왜냐하면 이제 주어지는 은사들이 우리를 덕의 실천을 초월한 상태로 인도해 주기 때문입니다.

그 다음에 수동적인 은사들, 즉 견인과 권고가 주어지는데, 이 둘은 서로 병행합니다. 세 번째 은사는 두려움입니다. 두려움은 성령이 이루어 놓은 것을 보호하고 강화하며, 내면을 직시합니다. 마지막으로 가장 고귀한 두 가지 은사가 주어집니다. 즉 하나님을 맛볼 수 있는 명철과 지혜가 주어집니다. 교활하고 간사한 마귀가 이런 상태에 있는 사람을 잡으려고 덫을 놓아 유혹하기 때문에 우리에게 분별하는 지식의 은사가 필요합니다. 이 내적 연합의 상태에 잠시 머무는 것이 온갖 표면적인 것들과 규칙들을 지키는 것보다 더 가치가 있습니다. 우리는 이 내면의 중심에서 친구들을 위해 기도해야 합니다. 그것이 시편을 수십만 번 외우는 것보다 더 효과적입니다.

"성령이 친히 우리의 영과 더불어 우리가 하나님의 자녀인 것을 증언하시나니"(롬 8:16). 이 말씀처럼 우리는 마음에 증언을 받습니다. 하늘, 즉 우리 영혼 안에 있는 하늘에서 증언하시는 분이 셋입니다. 즉 성부와 말씀과 성령입니다. 이들은 우리가 하나님의 자녀임을 증언하시는 참 증인들이십니다. 그들이 우리의 내면의 중심을 조명하시면, 우리의 중심이 증인이 됩니다. 이 증인은 우리 및 우리 안에 있는 무질서에 대해 불리한 증언을 합니다. 이 증인은 우리가 좋아하거나 좋아하지 않거나 상관없이 우리의 이성을 밝혀주며, 우리가 들으려고 하기만 하면 우리의 삶 전체를 계시해 줍니다. 최후 심판 날에 구원받기를 원한다면, 이 증언을 경청하고 그에 합당하게 살아야 합니다. 만일 우리가 말이나 행위나 삶으로써 그 증언을 거부한다면, 마지막 날에 그 증언이 우리를 정죄할 것입니다. 우리가 항상 내면에 있는 이 증언에 귀를 기울인다면, 결코 후회하지 않을 것입니다.

우리는 가난한 생활을 하기 위해서 라인 강 하류로 왔습니다. 그러나 만일 우리가 내면의 중심에 도착하지 못한다면, 아무리 멀리 여행해도 그곳에 도착하지 못할 것입니다. 쓸데없는 일에 정력을 낭비하지 마십시오. 표면적인 애착을 버리고 내면을 찾으십시오. 표면적인 기술이나 교훈은 전혀 쓸모가 없습니다. 교부들의 이야기 중에 이러한 장애물을 피해서 숲 속으로 도망친 선한 남편의 이야기가 있습니다. 그 선한 남편은 내면의 중심을 찾으려 하는 2천 명의 형제들을 거느리고 있었고, 아내도 많은 자매들의 공동체를 돌보고 있었습니다. 내면의 중심은 우리의 자유의지에 접근할 수 있는 유일하고 고독하고 고결한 곳이며 영원한 어둠입니다. 감각의 길을 통해서는 그곳에 이를 수 없습니다. 그곳에서 우리는 "나는 영적인 사람들을 좋아합니다. 나는 내적 조명을 받고 하나님의 손길을 느낀 사람들을 돕는 일을 즐깁니다"라고 말할 것입니다. 이런 사람들에게 표면적인 일의 실천을 강요하며 고귀한 은혜로부터 끌어내리려는 사람은 스스로 무서운 심판을 예비합니다. 이런 사람들에게 경건 훈련을 강요하는 것은 유대인들이나 이교도들보다 더 그들의 내면생활을 방해하는 것입니다. 오만한 몸짓으로 신랄하게 비평하려는 사람들에게 경고합니다. 영적인 사람들을 조심해서 신중하게 대하십시오.

우리 안에서 거룩한 삼위일체를 보려면 다음과 같은 세 가지를 명심해야 합니다. 첫째로 우리 자신의 영광이 아니라 하나님의 영광을 눈앞에 두어야 합니다. 둘째로 표면적인 일과 행동을 할 때 항상 자신을 경계해야 합니다. 우리가 무가치한 존재라는 것을 기억하며, 무엇이 우리의 내면을 차지하고 있는지 살펴야 합니다. 셋째로 주변에서 일어나는 일에 관심을 두지 말아야 합니다. 우리 자신의 일이 아닌 것에 주의를 기울일 필요가 없습니다. 모든 일이 잘 되어 가면 그대로 두십시오. 그렇지 못하더라도 비평하거나 질문하지 마십시오. 오로지 내면의 중심에 들어가서 머무십시오. 그곳에서 우리를 부르시는 아버지의 음성을 들을 수 있을 것입니다. 하나님 아버지는 우리를 부르시고 풍성한 것들을 주십니다. 필요할 경우 교회 성직자들의 질문에 대답할 수도 있습니다. 하나님은 사랑하는 자들에게 명철과 총명의 은사를 주십니다.

지금까지 말한 것을 모두 잊더라도 두 가지를 반드시 기억하십시오. 첫째, 우리의 존재 전체로, 마음만 아니라 표면적인 행동도 철저히 겸손해야 합니다. 자신을 낮게 여기고, 있는 그대로 정직하게 보십시오. 둘째, 하나님에 대한 우리의 사랑이 참된 것이어야 합니다. 감정에만 의존하는 사랑이 아니라 하나님을 뜨겁게 포옹하는 사랑이어야 합니다. 이 사랑은 감각적으로 느끼는 종교적인 감정과는 전혀 다른 것입니다. 여기에서 말하는 사랑은 감각적인 체험을 초월하는 사랑입니다. 그것은 오로지 사랑에 의해서 이끌리는 것으로서, 하나의 목표만 눈앞에 두고 있는 육상 선수나 사격 선수처럼 정신을 집중하여 하나님을 응시하는 것입니다.

성 삼위시여, 우리로 하여금 당신의 참된 형상이 거하시는 내면의 중심에 이르게 해 주십시오. 아멘.

참된 양식과 참된 음료

이 설교는 성찬에 대한 네 번째 설교로서 습관적인 죄와 우발적인 죄라는 두 가지 장애물을 다룬다. 이 장애물들이 인간의 영성 발달을 방해하며 성만찬의 유익을 얻지 못하게 한다. 여기에서는 반복하여 나타나며 다른 죄들보다 심각한 죄들을 살펴본다.

"내 살은 참된 양식이요 내 피는 참된 음료로다"(요 6:55).

어제는 성찬의 복과 영광에 대해 이야기했습니다. 성찬이 주는 유익 및 그것을 받기 위해 우리가 준비하고 취해야 할 태도에 대해서도 언급하려 했지만 말씀드리지 못했습니다. 이것은 인간의 능력으로 설명하기 어려운 일이지만 성 토머스의 말을 인용하여 어느 정도 결론을 내릴 수 있습니다. 토머스의 말에 의하면 주님은 자신의 인성, 삶과 죽음의 고난, 부활과 승천 등을 통하여 모든 영광과 은혜와 복을 세상에 가져오셨고, 지금은 성찬을 통해서 그것들을 모든 사람들에게 주십니다. 성찬 안에는 인간이 갈망하는 모든 은사가 포함되어 있습니다.

이에 대해서 좀 더 깊이 생각해 보겠습니다. 인간의 능력으로 행할 수 있는 경건한 행위들은 성찬과 비교될 수 없습니다. 그것들을 경건하다고 여길 수 있지만, 성찬은 하나님 자신이기 때문입니다. 인간은 성찬에 참여함으로써 은혜로 말미암아 하나님 안에서 변화됩니다. 주님은 어거스틴에게 "네가 나를 변화시켜 너 자신으로 만들어서는 안 된다. 네가 변화되어 나처럼 되어야 한다"라고 말씀하셨다고 합니다. 우리가 올바른 방법으로 구하기만 하면 원하고 갈망하는 모든 것을 얻을 수 있습니다. 즉 성찬을 통하여 자신의 결점을 극복하고, 은혜와 덕을 얻고, 위로와 사랑을 발견할 수 있을 것입니다. 사람이 평생 살면서 많은 큰 죄를 지었어도, 만일 하나님이 참된 회심을 허락하신다면 그는 죄에서 돌아서게 됩니다. 그리고 이러한 성향을 가지고 주님의 만찬에 참여한다면, 주님이 고귀한 은사를 주시며 순식간에 모든 죄를 용서하실 것입니다. 그것은 손에 묻은 먼지를 불어버리는 것만큼 쉬운 일일 것입니다. 이 회심은 대단히 강력하기 때문에 모든 고통과 고행을 단번에 씻어버릴 것이며, 그 사람은 위대한 성인이 될 수 있을 것입니다.

이곳 쾰른 지방에서 성찬을 자주 행하는 것은 바람직한 일입니다. 그러나 사람들 모두가 동일하게 성찬을 받지는 않습니다. 어떤 사람은 온 영혼으로 신령하게 성체를 받지 않고 유다처럼 대죄를 지닌 상태에서 성체를 받습니다. 또 어떤 이는 거룩하고 신령하게 성체를 받지만 큰 은혜나 유익이나 위로를 받지 못합니다. 이런 사람들은 양심에 많은 소죄小罪들이 남아있으며 예비하고 헌신하는 마음이 부족한 사람들입니다. 그러나 어떤 사람들은 대단한 영적 유익과 이익을 받습니다. 또 실제로 성찬에 참여하지는 않지만 영적으로 성체를 받는 사람들이 있는데, 그들은 마음이 깨끗하며 복된 성찬을 갈망하는 선한 사람들입니다. 그러나 그 성찬이 그 당시에는 주어지지 않습니다. 이들은 그들 자신의 갈망과 선한 품성에 비례하여, 성찬식을 통해 성체를 받는 사람들보다 더 고귀한 성찬의 은혜를 받을 것입니다.

선한 사람이라면 건강할 때든지 병들었을 때든지 어디에서든지 하루에 몇 백 번이라도 이렇게 할 수 있습니다. 우리는 하루에 한 번 이상 성찬을 받을 수 없지만, 거룩한 갈망과 경건한 정신을 가지고 있으면 영적으로 마음껏 성찬을 받을 수 있고 측량할 수 없는 은혜와 유익을 받습니다. 만일 우리가 임종하는 순간 하나님께서 우리를 죄에서 해방되게 해주시고 우리가 바른 성품으로 성체를 받는다면, 영혼은 영원한 생명 안에서 큰 유익을 얻을 것입니다. 그러나 일상생활에서 범한 소죄들을 제거하지 않고 피상적으로 생활하며 표면적인 의식만 지키는 사람들은 그것에서 흘러나오는 사랑의 분출과 헤아릴 수 없는 은혜를 알지 못합니다. 소죄를 지닌 사람들은 미온적인 태도로 성찬에 참여하여 은혜를 받지 못한 채 텅 비고 둔하고 냉담한 상태로 물러나오며, 이 장애물 때문에 영성이 발달하지 못합니다.

텅 비어 채워지지 못한 상태에 있는 사람에게서 하늘과 땅을 풍성하게 채우고 있는 귀중한 은혜를 빼앗아가며 큰 피해를 주는 장애물은 무엇입니까? 그것은 우리 주변에서 항상 볼 수 있는 상태입니다. 하찮은 소죄들이 사랑의 역사를 냉각시키고 애정을 흩어버리며, 믿음을 몰아내고 방해하며, 영적 위로를 제거하며, 하나님과 인간 사이를 이간시켜 친밀함을 파괴한다는 것을 깨달아야 합니다. 이러한 죄들은 근본적으로 은혜를 파괴하지는 않지만 우리를 보다 큰 죄에 빠뜨림으로써 은혜를 잃게 합니다. 작은 죄가 이처럼 큰 피해를 주는 것입니다.

일상적인 소죄에는 두 종류가 있습니다. 습관적인 죄와 우발적인 죄입니다. 습관적인 것이든지 우발적인 것이든지 소죄들은 성찬에서 주어지는 은혜가 영혼 안에 흘러들어오지 못하게 합니다. 이 두 가지 죄는 구별되어야 합니다. 습관적인 죄란 우리가 알면서도 생물이나 무생물 등의 피조물에게 복종하는 것을 말하며, 이것이 많은 사람들에게 걸림돌이 됩니다. 습관적인 죄란 하나님과 상관 없이 피조물 자체 때문에 피조물에게서 사랑과 만족을 느끼려 하는 것입니다.

감각에 집착하며 감각적인 것에서 만족을 추구하는 것이 소죄입니다. 이런 죄가 깊이 뿌리를 내리고 있기 때문에, 인간은 하나님을 사랑하기 위해서 피조물들 및 그것들로부터 오는 만족을 버리지 않습니다. 결국 하나님이 계셔야 할 자리를 피조물이 차지하게 되므로, 하나님이 그 안에 거하시면서 역사하실 수 없게 됩니다.

그렇기 때문에 병적인 이기심, 배우자나 가족들에 대해 무절제한 사랑이 내면에 있지 않은지 우리 자신을 살펴보아야 합니다. 안타깝게도 오늘날 이런 죄들이 매우 빈번하게 발견됩니다. 모든 사람들이 재산을 증식시키고 축적하는데, 그렇게 하는 중에 탐욕이 더욱 증가합니다. 세상 사람들뿐만 아니라 성직자들도 이런 태도를 취하고 있습니다. 사람들은 자신이 소유하고 있는 것에 만족하지 못한 채 더 많은 것을 소유하려 하며, 어리석게도 큰 건물을 짓고 화려하게 장식합니다. 그들은 은으로 만든

잔과 그릇들, 온갖 화려한 것들, 그리고 감각을 혼란스럽게 하는 진기한 것들로 건물을 가득 채웁니다. 그러나 이러한 장식은 쾌락과 겉치레를 위한 것들입니다.

그들은 이런 식으로 일상적이고 습관적인 죄들을 강화하며, 내면에 존재하는 탐심을 장려합니다. 때때로 싫증을 느낄 때면 주의를 다른 곳으로 돌리고 즐기기 위해 사람들과의 교제를 갈망합니다. 그렇게 하면서 하나님을 기억하지 않고 찾지 않으며 발견하지도 못합니다. 이런 일들은 내적으로든 외적으로든 대죄의 치명적인 악영향에 매우 근접해 있으므로, 자신이 그 안에 빠져 있음을 알지 못합니다.

많은 사람들이 습관적인 죄라는 장애물을 지닌 채 성찬에 참여합니다. 또 모든 사람들이 자신이 애착하는 것들을 버리지 않으며 자신의 방식에 집착하는데, 그 결과 하나님 임재의 즐거움을 전혀 느끼지 못하게 됩니다. 그러나 그들은 이것을 깨닫지 못하여 또다시 재산에 집착합니다. 많은 사람들이 40년, 또는 50년 이상 습관적으로 경건훈련을 행해오고 있습니다. 그들의 영혼이 이처럼 피조물에게 상습적, 그리고 고의적으로 얽혀 있는데도, 심판 날에 그들이 구원을 얻을 수 있을지 의심스럽습니다. 이런 사람들은 자신의 상태를 알지 못하는 사람들입니다. 물론 그들은 "그것은 전혀 해로운 일이 아니다", 또는 "나는 이러 저러한 것을 소유해야 한다"는 등 여러 가지 변명을 하며, 그럼으로써 자신의 내면에 이러한 장애물이 차지할 자리를 제공합니다. 그들은 자신의 본성적인 성향과 연합되어 양심의 가책을 느끼지 않으며, 혹시 느낀다고 해도 이를 무시합니다. 이것들은 하나님의 사역을 방해하기 위해서 세워진 요새, 튼튼하고 강력한 장애물들로서 사람들은 그것을 전혀 깨닫지 못합니다. 인간이 피조물에 집착하고 사로잡혀 있는 정도에 따라 하나님과 그분의 은혜가 우리에게서 떠나갑니다.

이제 우발적인 죄에 대해 생각해 보겠습니다. 어떤 사람들이 우발적인 죄에 빠질까요? 필연적으로 생물이든지 무생물이든지 피조물에 사로잡히거나 그 노예가 되지는 않는 사람들입니다. 그들은 하나님이 요구하신다고 확신할 경우 우정이나 재물 등 하나님이 기뻐하시지 않는 것들을 포기할 준비가 되어 있지만, 본성적으로 자신의 결점에 걸려 넘어지는 경향이 있기 때문에 마땅히 경계해야 할 만큼의 경계를 하지 못합니다. 이러한 결점에는 분노, 교만, 무력감, 무익한 대화 등 여러 종류가 있습니다. 경우에 따라서 그들은 이러한 성향들에 굴복하여 지나치게 말을 많이 하거나, 과음하고 과식하거나, 과도하게 흥미에 치중

하거나, 쓸데없는 행동을 합니다. 이것들은 다소 심각한 죄에 속합니다. 그러나 인간의 결점과 경솔함에서 비롯된 죄라면, 은혜를 받는 데 그리 큰 장애를 초래하지는 않을 것입니다. 왜냐하면 비록 신중함이 결여되어 있지만 그 마음이 순수한 상태에 머물러 있기 때문입니다.

오늘 또는 내일 성만찬에 참여하려 하면서 이런 것들을 범하지 않도록 주의하지 않는 사람은 그 태만함 때문에 하나님과 연합하지 못하고 사랑의 교제를 하지 못하게 될 것입니다. 그것이 믿음을 식게 만들며, 마음을 분산시키고 산만하게 하며, 그의 영혼을 변화시키고 넘치게 해줄 영광스러운 빛을 받을 수 없게 만듭니다.

그러나 만일 그가 어제 무의식적으로 범한 죄 때문에 가슴 아파한다면, 그 죄는 오늘 범한 죄보다는 덜 방해가 될 것입니다. 이는 자신이 범한 죄 때문에 슬퍼하고 애통함으로써 죄 때문에 낀 마음의 녹을 씻어내기 때문입니다.

그러나 어제 지은 죄에 대해 양심의 가책을 느끼지 않은 채 오늘도 저속한 말을 하거나 무절제한 생활을 하는 것은 죄를 쌓아두는 결과가 되므로 매우 심각한 일입니다. 그러나 그 때문에 성찬에 참여하는 것을 피해서는 안 됩니다. 자신의 죄로 인해 애통해하고 그 다음 날에는 보다 선하게 살기로 결심한다면, 성찬을 받는 것이 죄가 되지 않습니다.

　우리의 본성 때문에 지나치게 잠을 많이 자거나 과식하는 등 옳지 못한 태도를 지닐 수 있습니다. 그러므로 때때로 음식을 적게 먹고도 우리의 본성이 견뎌낼 수 있는지 시험해 보아야 합니다. 하나님으로 하여금 우리에게 무한한 거룩함을 부어주시게 하려면, 우리가 완전히 순결하게 되어야 합니다. 그렇지 못하면 하나님의 선이라는 보물이 방해를 받지 않고서 우리 안에 흘러 들어올 수 없습니다.

　때로 선하고 순결한 마음을 지닌 사람들이 자신의 마음과는 달리 무력하고 나태해질 수 있습니다. 그들의 본성은 그들이 허용하는 것보다 더 많은 잠을 요구합니다. 그러나 그것이 성찬을 삼가야 할 이유가 되지 않습니다. 그것은 자신의 만족만 추구하는 사람들의 태도와는 다른 것입니다. 만일 그들이 감정적인 위로와 안도감과 뜨거운 기쁨을 느끼지 못한다면, 그것은 그들이 하나님이 아닌 자기 자신만을 찾고 있다는 표식이므로 성찬을 받지 말아야 합니다. 하나님은 이런 사람들을 제멋대로 하게 내버려 두시며, 그들에게 불행이 임하게 하십니다. 그들은 지옥의 것과 같은 큰 고통을 받을 것입니다. 만일 이러한 시련조차 임하지 않는다면, 그들은 장차 더 큰 심판을 받을 것입니다. 이런 사람들의 믿음은 발전이 없이 죽을 때까지 그 자리에 머뭅니다. 그들에게는 희망이 없습니다.

실제로 어떤 사람들은 선하지만 두려움에 사로잡혀 있기 때문에 사랑의 불길을 느끼거나 하나님의 활동을 감각으로 경험하지 않는 한 성찬에 참여하지 않습니다. 그들은 장애물을 갖고 있지 않으면서도 영적으로 발전하지 못합니다.

그러나 자신의 의도와 영혼의 깊은 곳이 순수하다는 것을 발견하며 온전히 하나님만 갈망하는 사람들은 성찬을 통해서 가장 큰 결실을 얻을 것입니다. 하나님이 그들에게 무엇을 보내시고 무엇을 제거해 가시든지 하나님에 대한 믿음이 흔들리지 않으며, 그 무엇도 그들을 하나님에게서 떼어놓지 못합니다. 이런 사람들은 하나님 안에서 태어나고 하나님은 그들 안에서 태어나십니다. 그들은 본성이나

환경으로부터 오는 장애물들을 망설임이 없이 즉시 제거합니다. 하나님만이 그들의 사랑의 대상이며, 그들의 마음에 간직하고 있는 분도 하나님뿐입니다. 그들은 하나님의 은사 때문에 하나님을 갈망하는 것이 아니라, 하나님 자신을 찾아 하나님 속에 빠져 들어갑니다. 그들은 하나님에게서 오는 모든 은사를 하나

님께 돌려드립니다. 이런 사람들은 성찬에 참여함으로써 고귀하고 영광스러운 모습으로 변화됩니다. 성찬은 그들을 위한 지름길이 됩니다.

이들은 경건하게 성찬을 받을 수 있기 때문에, 만일 그들이 하위 천사들의 찬양에 참여하게 된다면 이 성찬으로 말미암아 두 번째, 세 번째, 또는 네 번째 성찬을 받는 것이 허락될 것입니다. 만일 더욱 자주 성찬에 참여한다면, 그들의 본성이 천사들의 본성을 초월하여 케루빔智天使과 세라핌熾天使을 능가하는 찬양을 하게 될 것입니다. 그러나 인간은 이것을 추구해서는 안 되며, 하나님의 뜻과 그의 영광만 바라야 합니다. 성찬으로 말미암아 순결한 영혼의 깊은 중심에 나타나는 놀라운 일들은 인간이나 천사들의 이해를 초월합니다. 왜냐하면 영혼이 자신 및 모든 인간적인 방법을 초월하여 하나님 속에 끌려들어가 하나님과 연합하기 때문입니다.

성찬에 참여하지 못하여 이러한 은사를 받지 못하는 사람은 영적으로 성찬에 참여해야 합니다. 최소한 하루에 한 번은 영적 성찬에 참여해야 합니다.

만일 우리가 내면의 중심에 들어가 그곳에 머물며 우리 안에 있는 은혜를 이용한다면, 하나님의 도움을 받아 놀라운 일들을 이룰 수 있을 것입니다. 우리는 내면에서 참된 자유와 하나님 나라를 발견할 것입니다. 그런데 우리는 그렇게 하지 못하고 있습니다. 우리는 모든 것을 외부에서 구하려 하며 이것저것을 찾아 헤매다가 결국 우리 자신까지 잃어버립니다. 여러분도 예외는 아닙니다. 여러분은 부지런히 설교와 하나님의 말씀을 듣지만 그 진정한 의미를 깨닫기 전에 잊어버립니다. 이제 여러분은 다른 사람의 설교를 들으러 가지만, 그들의 설교를 통해서 들은 것들도 기억하지 못할 것입니다. 여러분은 또다시 표면적인 것들을 의지할 것이며, 결국 끝없는 고난이 계속될 뿐입니다. 우리 모두는 불안정하고 변덕스럽고 침착하지 못한 사람들입니다.

나는 지금까지 여러 지방을 방문했습니다. 어떤 지방의 사람들은 회심한 상태를 굳게 지키면서 단호한 태도로 살아가고 있었습니다. 여기에서는 10년이 흘러야 맺을 하나님의 말씀의 열매를 그곳에서는 1년 만에 맺었습니다. 그곳에서 하나님의 은혜로 말미암은 놀라운 역사를 볼 수 있었습니다. 그러나 어떤 지방의 사람들은 연약한 성품을 지니고 있어 아무리 좋은 기회가 주어져도 발전이 없었습니다.

우리는 피조물을 버리고 하나님만 향해 달려가야 합니다. 그렇지 않으면 아무것도 이루어내지 못합니다. 하나님의 은혜가 이렇게 낭비되는 것은 매우 불행한 일입니다. 그것은 마음을 찢는 것처럼 아픈 일일 것입니다.

안타깝게도 어떤 공동체에서는 너무 많은 담화를 합니다. 즉 그들이 행한 일에 대해서, 또는 최근에 발생한 사건에 대해서 너무 말을 많이 합니다. 이처럼 유익하지 않은 대화는 영혼이 하나님과 연합하는 데 방해가 됩니다. 이런 공동체에서는 하나님의 말씀을 듣고 하나님과 대화하려는 사람들이 전혀 응답을 받지 못할 것입니다. 우리는 그러한 공동체나 대화를 피해야 합니다.

우리는 자기 방에 들어가서 하나님과 그 뜻 앞에 마음을 열고 순종하여 그 뜻을 따라야 합니다. 하나님의 뜻을 분별하지 못할 때는 내 충고를 따르십시오. 즉 무엇을 해야 하고 무엇을 하지 말아야 하는지, 또 무엇을 취하고 무엇을 버려야 하는지, 또는 무엇이 하나님을 기쁘시게 할 것인지 확신하지 못한다면, 자신의 마음을 살펴보고 자신의 본성에 만족스럽지 못한 것을 택하십시오. 우리가 자신의 본성적 취향에 따라 행동거지를 선택하는 것은 영혼의 구원을 위해서 안전하지 못한 선택일 것입니다. 본성적 만족을 위해 사는 것은 하나님과 그분의 뜻에 합당하지 못합니다. 보다 영적인 생활을 하려면, 자기 자신에 대해 죽어야 합니다.

지금까지 성찬의 영광에 대해 이야기했지만, 충분히 다루지 못했습니다. 성찬이 주는 유익과 효험, 그것이 하나님께 돌리는 영광, 성도들에게 주는 기쁨, 죽을 수밖에 없는 큰 죄인의 회심과 인간의 성장에 기여하는 것 등 많은 주제를 설명해야 합니다. 어느 성도가 환상 중에 타는 횃불 같은 불길에 휩싸여 있는 영혼을 보았다고 합니다. 그 영혼은 자신이 주님의 몸을 받는 일을 게을리 했기 때문에 그처럼 견딜 수 없는 고통을 받고 있다면서 "만일 당신이 나를 위해서 한 번만 헌신적으로 주님의 몸을 받아주신다면, 나에게 도움이 될 것입니다"라고 말했다고 합니다. 이 성도는 그 영혼이 부탁한 대로 했습니다. 다음날 그 영혼이 다시 나타났는데, 태양보다 빛나고 영광스러운 모습을 하고 있었다고 합니다. 이 한 번의 거룩한 성찬 덕분에 그 영혼이 견딜 수 없는 고통에서 해방되어 영생을 얻은 것입니다.

하나님, 우리에게 선한 생활을 할 수 있는 은혜를 주십시오. 성부와 성자와 성령께서 우리에게 이러한 은혜를 주시기를 기도합니다. 아멘.

겸손, 사랑, 근신

이 설교는 삼위일체 축일 후 세 번째 설교이다. 겸손과 하나님에 대한 사랑과 근신이라는 세 가지 덕을 우는 사자처럼 두루 다니는 마귀로부터 어떻게 지킬 수 있는지 가르쳐 준다.

"그러므로 하나님의 능하신 손 아래에서 겸손하라"(벧전 5:6).

"그러므로 하나님의 능하신 손 아래에서 겸손하라 때가 되면 너희를 높이시리라 너희 염려를 다 주께 맡기라 이는 그가 너희를 돌보심이라 근신하라 깨어라 너희 대적 마귀가 우는 사자 같이 두루 다니며 삼킬 자를 찾나니 너희는 믿음을 굳건하게 하여 그를 대적하라 이는 세상에 있는 너희 형제들도 동일한 고난을 당하는 줄을 앎이라 모든 은혜의 하나님 곧 그리스도 안에서 너희를 부르사 자기의 영원한 영광에 들어가게 하신 이가 잠깐 고난을 당한 너희를 친히 온전하게 하시며 굳건하게 하시며 강하게 하시며 터를 견고하게 하시리라 권능이 세세무궁하도록 그에게 있을지어다 아멘"(벧전 5:6-11).

이것은 베드로의 서신에 기록된 것입니다. 이 짧은 말씀 안에는 우리로 하여금 한 해의 모든 축일에 교회에서 가르친 것을 실천하여 완전하게 할 수 있게 해주는 완전한 교리가 함축되어 있습니다. 베드로의 가르침을 진지하게 생각해보면, 이 서신에 모든 교리가 요약되고 결론에 이르고 있습니다.

베드로는 "하나님의 능하신 손 아래에서 겸손하라"고 말합니다. 여기에서 우리의 경건한 생활과 행동, 삶 전체가 지향해야 할 세 가지 덕을 생각해야 합니다. 이 세 가지 중에서 하나라도 빠진다면, 우리의 행동과 생활과 모든 수행이 무가치한 것이 됩니다. 베드로가 우리에게 기대하는 첫 번째 덕은 하나님 아래서 겸손한 것입니다. 겸손은 우리의 모든 생활과 행동이라는 건물의 기초입니다. 겸손이 없으면 모든 것이 무너집니다.

두 번째 덕은 하나님을 사랑하는 것이며, 셋째 덕은 근신입니다. 이 세 가지 덕의 도움을 받으면 완전함을 획득할 수 있습니다.

자비하시고 사랑이 많으신 하나님은 우리에게 이 세 가지 덕이 필요하다는 것을 아시기 때문에 인간의 본성 깊은 곳에 이 세

가지 덕을 심어 놓으셨습니다. 내면의 중심에 이 덕들을 심어주심으로써 우리를 하나님과 가깝게 해주셨습니다. 이 덕들은 신적인 색채를 띤 고귀한 영혼의 불꽃으로서 우리 자신보다 더 가깝고 친밀한 것입니다. 그럼에도 불구하고 이 덕들은 아직 우리에게 생소하며 우리는 그것들을 잘 알지 못하고 있습니다. 이는 우리의 교만 때문입니다. 우리의 내면에 질서가 잡혀 있어서 우리의 본성이 균형을 이룰 수 있다면, 우리는 끊임없이 이 세 가지 덕을 활성화할 수 있습니다. 그리고 우리가 원한다면, 이 덕들의 도움을 받아 이기심에서 해방될 수 있을 것입니다.

겸손에 대해서 생각해 보겠습니다. 우리는 영적 생활과 표면적인 생활 모두에 영향을 끼치는 두 가지 환경에서 겸손이 필요한 이유와 원인을 발견합니다. 인간은 본성적으로 연약하며 죄를 선호하는 경향이 있습니다. 이는 우리의 본성이 불완전하고 허욕에 차 있고 하잘 것 없음을 보면 쉽게 알 수 있습니다. 유감스럽게도 우리의 본성은 이러한 것에 매우 익숙해져 있습니다. 그러나 우리는 본래 무에서 왔고 장차 무로 돌아갈 것입니다. 우리가 겸손해야 하는 두 번째 이유는 우리에게 죄를 선호하는 경향이 있기 때문입니다. 우리의 내면 깊은 곳에서 본성을 보면 죄악성에 빠져 있다는 것을 깨닫게 될 것입니다. 인간이 연약하고 흠이 많고 이해가 안 될 정도로 악에 몰두하고 있음을 깨달아야 합니다. 이러한 성향이 악한 영들을 영원한 저주로 인도합니다. 그러므로 우리는 겸손해야 합니다. 어느 정도 자기성찰을 실천하여 자신의 부족함을 깨달은 후에야 비로소 우리의 본성이 겸손을 지향하고 있음을 알 수 있습니다.

두 번째 덕은 하나님을 향한 참 사랑입니다. 이 덕은 인간의 본성 속에 깊이 심어지고 스며들어 있습니다. 겸손은 외부에서 우리에게 오는 것입니다. 그러나 인간의 사랑은 자신의 본성에서부터 솟아납니다. 사랑이 견고하게 뿌리를 내리고 있습니다. 비드Bede는 "인간이 영혼 없이 살 수 없듯이, 사랑 없이 살 수 없다"라고 말했습니다. 그러므로 본성이 조화를 이루어 질서를 유지한다면, 인간은 자신보다 하나님을 더 사랑할 것입니다. 우리의 고결한 본성이 비뚤어져서 창조주 하나님을 사랑하지 않고 피조물을 사랑하고 있음은 참으로 슬픈 일입니다.

세 번째 덕은 근신입니다. 이것은 이성에서 비롯되는 덕입니다. 인간은 이성적인 피조물입니다. 근신하여 취한 행동이 아닌 것은 선한 행동이 되지 못하며 하나님을 기쁘시게 하지 못합니다. 이런 까닭에 베드로는 "근신하고 깨어라"고 명령합니다. 그것은 모든 사람의 말과 행동, 그리고 삶 전체를 근신의 덕이 인도하고 지배해야 한다는 뜻입니다. 우리는 어느 곳에서든지 어떤 관계에서든지, 내면적으로든지 표면적으로든지 근신의 덕의 다스림을 받아야 합니다.

다시 첫째 덕을 살펴보려 합니다. "그러므로 하나님의 능하신 손 아래에서 겸손하라 때가 되면 너희를 높이시리라"(벧전 5:6). 우리 영혼에 겸손이 부족함을 하나님이 발견하신다면, 우리는 곤란을 당할 것입니다. 성경에서는 하나님이 교만한 자를 미워하시고 겸손한 자에게 은혜를 주신다고 했습니다. 겸손할수록 더 큰 은혜를 받고 겸손하지 못할수록 은혜가 적어집니다. 하나님은 우리가 교만한 것을 발견하시면 우리를 낮추실 것입니다. 그러나 우리가 낮아져 있음을 발견하시면 들어 올리실 것입니다. 왜냐하면 낮아짐이 높아짐을 만들어내기 때문입니다. 이런 까닭에 우리는 겸손하게 자기를 낮추어야 합니다. 하나님의 손은 능력이 있고 지혜롭고 선하고 자애로우십니다. 그러나 우리는 약하고 맹목적이고 죄에 빠져 있습니다. 하나님이 없으면 우리는 아무것도 하지 못합니다.

그러므로 베드로는 "너희 염려를 다 주께 맡기라 이는 그가 너희를 돌보심이라"고 말합니다(벧전 5:7). 비록 우리가 하나님의 일반적인 도우심—우리를 영적, 육체적 슬픔 및 몸과 마음의 고통으로부터 보호해 주시며 영원히 위로와 자유를 주시는 것—으로부터 도움이나 유익을 얻지 못한다 해도, 우리 자신의 내면에 머물기만 하면 하나님을 알게 될 것인데, 이로써 하나님께 인도되기에 충분합니다. 그리고 모든 것이 하나님 안에 연합하여 존재하지만, 이것이 우리로 하여금 두려워하게 하지 않습니다. 우리에게 개별적으로 일어나는 모든 일은 하나님이 예견하시고 명하신 대로 일어나는 것입니다.

베드로는 계속하여 "근신하고 깨어라"고 말합니다. 사자가 무서운 소리로 으르렁거리면 짐승들이 두려워 쓰러집니다. 그 때 사자가 짐승들을 잡아먹습니다. 마찬가지로 대적 마귀는 약하고 작은 피조물인 우리를 으르렁거리며 공격합니다. 믿음의 뿌리가 깊지 못하면, 우리는 당장 넘어져서 마귀에게 잡아먹힐 것입니다. 그래서 베드로는 깨어서 믿음으로 마귀의 공격을 용감하게 대적하라고 말합니다.

우리는 적에게 포위된 도시의 시민들처럼 행해야 합니다. 그들은 어느 곳의 공격이 가장 강하고 어느 곳의 방어가 가장 약한지 세심하게 살펴보아야 합니다. 이것을 제대로 파악하지 못하면 도시는 함락되고 맙니다. 우리도 마귀가 어느 곳을 가장 쉽게 공격하는지, 우리의 본성 중에서 어느 곳이 약한지, 우리의 약점

이 무엇인지 등을 자세히 살펴 밤낮으로 경계해야 합니다.

마귀는 우리를 혼란스럽게 하고 낙심하게 만듭니다. 본성의 연약함과 범죄하기 쉬운 성품을 생각할 때 우리는 근심하고 낙심합니다. 그 때 마귀는 우는 사자처럼 다가와서 속삭입니다: "너는 슬픔과 비탄 속에서 일생을 보낼 작정이냐? 참 어리석구나! 다른 사람들처럼 즐겁게 살아보렴. 마지막이 오기 전에 하나님이 너에게 회개할 시간을 충분히 주실 테니 하고 싶은 대로 힘껏 세상을 즐기렴. 성인聖人이 되는 일은 늙은 후에 해도 충분할 테니."

사랑하는 형제들이여, 빛이 있는 낮 동안에 조심해서 행하십시오. 알지 못하는 사이에 두려움이 밀려오지 않도록 하십시오. 근신하여 깨어 있으십시오. 우리에게 주어진 인생이 한 번뿐임을 명심하십시오. 주님이 경고하신 가라지가 우리 안에서 발견되지 않도록 조심하십시오. "심은 것마다 내 하늘 아버지께서 심으시지 않은 것은 뽑힐 것이니"라는 말씀을 깊이 생각하십시오(마 15:13).

마귀는 여러 가지 형태로 사람들을 유혹합니다. 어떤 사람들은 "나를 지도해줄 영적 지도자가 있으면 얼마나 좋을까! 이런 생각을 하다니 나는 참으로 어리석구나"라고 중얼거릴 것입니다. 나는 이런 생각들에 대해서 알고 있기 때문에 다음과 같이 충고해 줄 수 있습니다. 마귀가 우리 마음에 넣어준 것을 내쫓을 수 있습니다. 마음을 평안히 하고 하나님을 향하십시오. 어지러운 생각에게 주의를 기울이지 마십시오. 그것을 마음에 두지 말고 쫓아내십시오. 우리는 종종 이런 종류의 혼란을 겪을 것입니다. 그것은 모두 마귀의 것이며, 지나친 낙심에서 비롯된 것입니다. 결국 마귀가 우리를 절망으로 몰아넣으면, 우리는 "이제는 전혀 소망이 없다"라고 소리칠 것입니다. 그 때 우리는 어떻게 행동해야 할까요? 모든 염려를 하나님께 맡기십시오. 하나님 안에 닻을 내리십시오. 배가 좌초하여 침몰할 위기에 처하면, 선원들은 닻을 바다에 던집니다. 그것만이 위험에서 벗어날 수 있는 최후의 방법이기 때문입니다. 우리도 그렇게 해야 합니다. 육체적으로나 정신적으로 큰 시험을 받을 때 우리는 모든 것을 버리고 깊은 곳에 닻을 던져야 합니다. 그것은 하나님의 신실하심을 신뢰하는 것을 의미합니다. 그와 비슷한 상황에 처했을 때 선원들은 노와 키는 버려두고 닻만 견고하게 붙듭니다. 우리가 육체적으로나 정신적으로 고난에 처했을 때 이런 태도가 필요합니다.

  닻을 꼭 붙잡고 완전한 소망과 믿음 속에서 죽을 수 있다면,

그것은 얼마나 복된 임종일까요! 우리는 다른 덕들은 물론이요 하나님께 대한 신뢰를 배양하여 임종할 때 도움이 되게 해야 합니다. 이것은 거짓 신뢰를 말하는 것이 아닙니다. 악한 생활을 하면서 하나님을 신뢰하노라 하는 것은 성령에 대한 범죄입니다. 악하다는 것을 알면서도 악을 행하는 것은 하나님이 자비를 베푸실 것이라는 사실을 악용하는 짓입니다.

하나님에 대한 신뢰는 참된 겸손과 사랑의 깊은 근저에서부터 솟아오르는 것입니다. 그것은 우리가 스스로는 아무것도 할 수 없음을 깨닫고 바르게 판단하여 자신을 하나님께 맡기는 데 기초를 둡니다. 자신을 완전히 버리고 기쁨으로 그 일을 행하십시오. 하나님은 기쁜 마음으로 자신을 바치는 사람을 사랑하십니다. 무한히 큰 선을 베푸시는 하나님을 어찌 신뢰하지 않겠습니까? 우리가 말하기 전에 하나님은 이미 우리의 연약함을 아십니다. 하나님은 우리가 죄에 빠질 것을 아시며, 자신의 죽음을 통해서 우리의 죄를 씻을 방법도 예견하고 계십니다. 이처럼 측량할 수 없이 큰 선을 하나님은 매일 매 시간 끊임없이 주십니다. 그러므로 모든 것을 버리고 하나님만 의지하십시오. 시험을 받을 때 비틀거리며 결단을 내리지 못하고 주저한다면 패배할 것입니다.

악을 극복하기 위해 전력을 다하고 있습니까? 그렇다면 하나님이 아닌 모든 것으로부터 돌아서고, 다시는 죄를 범하지 않겠다고 하나님께 말씀드리십시오. 그러면 승리가 당신의 것이 되며, 마귀는 부끄러워 도망칠 것입니다. 사람이 마귀에게 굴복하는 것은 무장한 군인이 파리에게 쫓기는 것과 같습니다. 우리는 마귀보다 더 강한 무기들을 가지고 있습니다. 즉 거룩한 믿음, 성찬, 하나님의 말씀, 성도들이 남겨준 본보기, 교회의 기도 등이 우리에게 있습니다. 이것들에 비추어 볼 때 마귀는 파리보다 약한 존재입니다. 우리는 담대하게 마귀를 대적하여 이제까지 크신 선을 베풀어주신 하나님의 품에 닻을 내려야 합니다.

항상 마귀를 경계하십시오. 우리는 다음 세상에 들어갈 때 마귀에게 저항해야 합니다. 그렇지 않으면 그의 수중에 떨어질 것입니다. 우리가 마귀를 따르면 마귀가 약간의 보상을 할 것인데, 그렇게 되면 더 이상 그에게서 빠져나올 수 없습니다. 우리는 항상 영혼의 중심을 부지런히 살펴야 합니다. 왜곡된 가치관과 자기기만의 인생으로 전락하기는 무척 쉽습니다. 우리는 사람들을 속이듯이 하나님도 속일 수 있다고 생각하여 귀중한 시간과 하나님의 은혜를 낭비합니다. 이렇게 행할 때 하나님은 마귀가 우리의 선행을 방해하도록 내버려 두십니다. 낮이 계속되어 빛이 있을 동안 조심해야 합니다. 빛 가운데 행하며 어둠이 우리를 덮치지 못하게 해야 합니다. 확실하고 영적인 방법으로 우리의 영혼을 조사해 보아야 합니다.

그러나 많은 사람들은 표면적으로 행동하기 때문에 이렇게 하지 못합니다. 그들은 영혼의 깊은 중심에 닿는 듯하면, 그것을 떨쳐버리고 다른 곳으로 도망합니다. 그들은 항상 새로운 것을 시도해 보지만 결국 아무것도 이루지 못하며, 때로는 파멸로 치닫습니다. 그들이 청빈한 생활, 은둔 생활, 또는 수도 생활을 원할 수도 있습니다. 공인된 수도회에 입회하여 그곳의 규율에 따라 수도생활을 하는 것은 무척 유익한 일이며 자신이 세운 규칙을 따르는 것보다 훨씬 안전한 길입니다. 모든 사람들이 경건한 동기에서 수도회에 입문하는 것은 아닙니다. 그러나 수도회에 입회한 사람은 이렇게 말합니다: "주님, 저를 이곳으로 불러 주셨으니 감사합니다. 제가 이곳에 오게 된 동기가 무엇이든지 간에 저는 주님을 섬기고 찬양하며 주께 감사하겠습니다." 우리가 자신의 뜻에 따라 행한 온갖 위대한 일들보다도 참된 순종의 정신으로 행한 작은 일이 더 유익하고 찬양받을 일임을 알아야 합니다.

우리는 새로운 일이나 생활 태도를 취하려 할 때 그 안에서 하나님의 영광만 구하며 그것을 사랑이 많으신 하나님의 뜻에 맡겨야 합니다. 하나님의 은혜의 분량, 자신의 뜻의 순수함, 순종의 정도 등을 자세히 조사해 보고, 그 일이 우리에게 요구하는 짐을 감당할 수 있을지 살펴보아야 합니다. 자신의 부족함을 인정하고, 영혼의 깊은 중심을 살펴보고, 자기 안에서 살아 있는 겸손과 사랑과 근신을 발견할 수 있는지 알기 위해서 인내하며 기다려야 합니다. 만일 이 세 가지 덕을 소유하고 있다면, 하나님이 우리 안에서 크게 역사하시며 우리를 높이실 것입니다.

베드로는 세상에서 우리가 형제들과 동일한 고난을 겪어야 한다고 가르쳤습니다. 누구도 고난을 피할 수 없습니다. 인간은 어디에 있든지 고난을 당합니다. 세상에서 마귀를 섬기는 사람들도 고난을 피하지 못합니다. 많은 훌륭한 사람들이 교만하고 완고하게 세상을 섬기다가 생명을 잃었습니다. 그들에게 주어진 상급이 무엇이겠습니까? 그들의 육체는 벌레의 밥이 되고, 그들의 영혼은 마귀의 몫이 됩니다. 그것이 그들에게 주어진 대가입니다. 그러므로 우리에게 자기 자신과 자기의 나라와 영생을 주시고 고난을 당하신 하나님을 위하여 우리는 기꺼이 고난을 맞이해야 합니다. 머리 되시는 분이 고난을 당하셨는데, 그 지체들이 그것을 피하는 것은 부끄러운 일입니다.

우리 주님만큼 날마다 수치와 모욕을 당하는 사람이 있습니까? 만일 주님이 당하셨던 고난을 지금도 당하실 수 있다면, 주님은 십자가에 달리실 때보다 더 큰 고난을 오늘 당하실 것입니다. 지금도 우리가 그분의 죽음과 상처를 두고 하는 무서운 맹세들 때문에 주님은 다시 십자가에 달리시곤 합니다. 우리가 날마다 범하는 대죄들 때문에, 주님의 고난이 나날이 새로워집니다. 주님의 상처는 다시 터지고 귀한 피가 다시 흐르게 됩니다.

우리가 날마다 거짓되고 악취가 나는 악한 그릇에 주님의 순결하고 복되고 거룩한 몸을 받음으로써 주님께 가해지는 치욕을 생각해 보십시오. 우리는 질그릇입니다. 그런데 우리는 이 질그릇에 의도적으로 세속적인 것과 피조물들을 채워 넣습니다. 만일 주님이 세상에 계실 때 느끼셨던 고통을 지금도 느끼실 수 있다면, 과거에 유다 때문에 입으신 상처보다 오늘날 이런 사람들 때문에 입으신 상처의 아픔이 훨씬 더 클 것입니다. 주님이 하나님이요 창조주이심을 유다는 알지 못했지만 우리는 알고 있기 때문입니다. 만일 하나님을 사랑하는 사람들이 마음속에서 육체적인 아픔을 느낄 수 있다면, 그들의 마음이 상처를 입고 영혼은 골수까지 찢어질 것입니다. 그들은 사랑하는 주님과 하나님이 그러한 치욕과 불명예를 당하시는 것을 보느니 차라리 죽기를 원할 것입니다.

사랑하는 형제들이여, 이것이 베드로가 참되고 안전한 길에 대해 요약해서 가르쳐준 내용입니다. 그는 겸손하라고 가르쳤습니다. 이 겸손이라는 기초 위에 사랑과 이성과 신중이라는 건물을 세워야 합니다. 그리하면 때가 되어 하나님이 우리를 높이실 것입니다.

자신의 이성을 세속적으로 사용하고 자신의 지성을 찬양함으로써 스스로를 높이는 사람들이 많습니다. 그들은 장차 심연에 내던짐을 당하고 깨뜨림을 당할 것입니다. 산이 높으면 계곡이 깊은 법입니다.

> 하나님, 우리로 하여금 참된 내면의 중심에 거하게 해주시며, 우리에게 "친구여, 더 높은 곳으로 올라오라"고 말씀해 주십시오. 아멘.

⑯

잃어버린 드라크마

이 설교는 잃어버린 드라크마에 대해 이야기한다. 우리가 하나님을 찾는 방법, 그리고 하나님이 우리에게 모든 감각적인 즐거움을 거두어 가심으로써 우리를 찾으시는 방법 등 두 가지의 뜨거운 사랑의 방법을 언급한다.

"어떤 여자가 열 드라크마가 있는데…"(눅 15:8).

전에 죄인이 주님께 나아가는 방법, 그리고 목자가 잃어버린 양을 찾으신 방법을 다룬 복음서의 말씀을 가지고 설교한 적이 있습니다.

형제들이여, 우리는 양처럼 겸손하고 잠잠해야 합니다. 우리는 양처럼 체념하고 기꺼이 고난을 받아들여야 합니다. 그리하여 하나님께 순종하며 하나님으로 말미암아 인내하면서 모든 피조물을 감당할 수 있습니다. 하나님은 여러 가지 방법으로 우리를 찾으려 하십니다. 때로는 자신을 통하여, 혹은 인간을 통하여, 또는 마귀나 하늘과 땅에 있는 모든 피조물을 통하여 우리를 찾으려 하십니다. 우리는 아무리 가혹한 공격을 받아도 거친 말이나 공격적인 행동으로 자신을 정당화해서는 안 됩니다. 우리는 양들 중에서도 가장 온유한 양이시며 털 깎는 자 앞에 끌려가서도 입을 열지 않으신 주 예수 그리스도를 본받아야 합니다.

주님은 우리를 찾기 위해서 거친 말과 많은 시련을 통해서 우리를 단련하실 것입니다. 그리하여 우리는 주님처럼 순한 양이 될 것이며, 주님은 우리를 자기의 어깨에 올려 놓으실 것입니다. 그리고 우리가 풍성한 목장의 주인이신 거룩하신 분께 믿음으로 달려갈 수 있도록 높은 곳에 서서 인도하여 주십니다. 오늘의 본문에는 드라크마를 잃어버린 여인이 등불을 켜고 그것을 찾는다고 기록되어 있습니다.

이 여인은 하나님의 신성神性을 의미하며, 등불은 주님의 신화된 인성人性을 의미하고, 드라크마는 우리의 영혼을 상징합니다.

제대로 된 주화는 세 가지 조건을 갖춰야 합니다. 즉 무게가 규격에 맞아야 하고, 성분이 같은 금속으로 주조되어야 하고, 또 바른 도안이 새겨져 있어야 합니다. 이 세 가지 조건이 충족되어야 합니다. 주화로서 가장 적절한 금속은 금이나 은입니다.

이 조건들을 완전히 갖추면 훌륭한 주화가 됩니다. 드라크마는 눈부시게 빛나는 금화입니다. 그것은 규격에 맞는 무게를 갖추었을 것입니다. 그러나 과연 누가 그 금화의 무게를 측량할 수 있겠습니까? 그것은 하늘과 땅, 그리고 그 안에 포함된 만물보다 더 무겁습니다. 그 금화 안에 하나님이 거하시기 때문에 그 무게는 하나님의 무게와 맞먹습니다.

또 금화에는 하나님의 신성이 깊이 새겨져 있으므로 말로 표현할 수 없는 사랑이 인간의 영 속에 넘치도록 흘러들어가 그 영혼을 완전히 흡수하고 삼킵니다. 만일 우리에게 이런 일이 일어난다면, 우리는 지름길을 택해야 합니다. 그 길은 이성적인 분석을 초월하는 것이요 겉사람의 표면적 활동을 초월하는 것으로서 소극적인 것일 수도 있고 적극적인 것일 수도 있습니다. 어떻게 해야 그렇게 할 수 있을까요? 본문에서 여인이 어떻게 했는지 살펴보십시오. 그 여인은 등불을 켜고 집안을 샅샅이 찾아보았습니다.

등불을 켜신 분은 영원한 지혜이십니다. 등불에 점화하여 불을 켜야 하므로, 하나님의 참 사랑이 등불을 점화했습니다. 우리는 사랑이 무엇인지 모르고 있습니다. 우리는 강력한 감정을 경험하고 기쁨과 즐거움을 느끼면 그것이 사랑이라고 생각하지만, 그것은 결코 사랑이 아닙니다. 사랑은 그런 것이 아닙니다. 하나님을 사랑하는 사람은 뜨겁게 타오르고, 하나님을 갈망하고, 하나님을 필요로 하며, 하나님에 의해 버림받았다고 느끼며, 끊임없이 고통을 받으면서도 그 고통에 만족합니다. 하나님을 향한 뜨거운 목마름 때문에 지쳐도 그것에 만족합니다. 이것이 사랑입니다. 그것은 우리가 상상하는 사랑과는 전혀 다른 것입니다. 그것은 불을 밝힌 등불입니다.

여인은 잃어버린 드라크마를 찾으려고 집안을 샅샅이 뒤집니다. 우리의 내면에서 이루어지는 수색 작업은 어떻게 이루어집니까? 우리가 찾아내는 적극적인 방법이 있고, 우리가 수색을 당하는 수동적인 방법이 있습니다. 우리 자신이 포함되는 이 수색 작업은 두 가지 방법으로 이루어집니다. 표면적인 방법과 내면적인 방법이 있는데, 내면적인 방법이 훨씬 우월한 방법입니다. 그 차이는 하늘과 땅의 차이입니다. 표면적인 방법이란 우리가 하나님 및 하나님의 친구들의 권면이나 강권을 받아 다양한 종류의 경건 훈련과 선한 일을 행하는 것입니다. 이 표면적인 방법은 겸손, 온유, 침묵, 초연 등 우리가 실천할 수 있는 덕들을 실천하는 것입니다.

내면적인 방법은 훨씬 더 고귀한 것으로서 우리 스스로 내면의 중심 가장 깊은 곳으로 침몰하여 들어가서 하나님을 찾는 것입니다. 그곳은 주님이 "하나님의 나라는 너희 안에 있느니라"(눅 17:21)고 말씀하신 곳입니다. 하나님이 풍성한 본질과 본성으로 다스리시는 나라를 발견하려면 먼저 그 나라가 있는 곳을 찾아내야 합니다. 그 나라는 영혼 깊은 곳에 있습니다. 하나님은 그곳에 내재하시며 인간의 영혼과 무한히 가까워지십니다.

우리는 이 내면의 중심을 찾아 발견해야 합니다. 이 영혼의 집에 들어가려면 감각과 관련된 것들을 모두 밖에 두어야 합니다. 이제까지 밖에서 얻은 모든 형상과 형태, 모든 상상과 이성적인 판단, 심지어 추론적인 이성 자체도 버려야 합니다. 우리가 하나님을 찾기 위해서 우리의 집에 들어가는 순간에 하나님도 우리를 찾아 온 집안을 샅샅이 살피십니다. 우리가 물건들을 하나씩 치워가면서 잃어버린 물건을 찾듯이 하나님도 같은 방식으로 행하십니다.

우리가 자신의 집에 들어가서 내면의 중심에서 하나님을 찾고 있으면, 하나님이 우리를 찾아오셔서 집안을 샅샅이 살피십니다.

나는 언제나 쉬운 말로 표현하지만, 이제 표현하려는 개념은 모두가 이해하기에는 어려운 개념입니다. 내가 설명하고 있는 것을 어렴풋이 파악하고 깨달은 사람들만이 이제 말하려는 것을 이해할 수 있을 것입니다.

나는 지금 이 집에 "들어간다"라고 말했는데, 이것은 이따금 들어갔다가 다시 나와서 피조물들과 함께 바삐 생활하는 것을 의미하는 것이 아닙니다.

만일 하나님이 우리를 찾으려고 이 집안을 샅샅이 찾아보신다면, 하나님이 우리 내면의 중심을 소유하려 하신다면, 과거에 우리로 하여금 하나님

에 대해 이성적인 개념을 형성할 수 있게 해주었던 방식을 버려야 합니다. 근본적으로 하나님에 대해서 아무런 개념도 갖지 않았던 상태로 돌아가야 합니다. 하나님이 우리를 찾으심에 따라서 이 과정이 되풀이되어야 합니다. 하나님이 우리를 찾으실 때 우리가 하나님에 대해 형성했던 모든 개념과 지식과 가치관이 완전히 뒤집어질 것입니다. 만일 우리의 본성이 밤낮으로 수천 번 이상 거듭되는 이 뒤집어짐을 참고 견뎌내며 순종할 수 있다면, 지금까지 경험했던 것보다 더 유익한 이해와 영적 기쁨이 주어질 것입니다. 이러한 전도 상태에 철저히 순종한다면, 우리가 스스로 도모해온 노력이나 선행, 또는 영적 수련에 의해 달성

하는 것보다 훨씬 더 높은 차원에 도달할 것입니다.

　이 상태에 도달한 사람들이 가장 복된 사람들입니다. 그들은 본성적인 상태를 벗어나서 번개처럼 자유로이 자신의 내면에 들어갈 수 있습니다. 그러나 대부분의 사람들은 세속적인 상태에 머물며 세속에 집착합니다. 어떤 이들은 세속적인 생활을 끝까지 고집하는데, 이런 사람들을 타작마당에 비유할 수 있습니다. 타작마당은 고르지 못하고 울퉁불퉁하기 때문에 뻣뻣한 빗자루로 쓸어내서 바닥을 고르게 만들고 그 다음에 먼지털이로 털어냅니다. 평탄하지 못하고 거칠고 중생하지 못한 사람들도 이와 같습니다. 이런 사람들에게는 하나님의 튼튼하고 뻣뻣한 빗자루가 필요합니다. 다시 말해서 그들을 하나님께 복종시키려면 시련과 시험이 필요합니다. 그러나 마음이 깨끗하며 모든 것에서 이탈한 사람들에게는 하나님의 빗자루가 필요하지 않습니다. 그들은 피조물을 완전히 초월했기 때문에 피조물 됨을 벗어버리고 새롭게 탄생하며, 자아에서 벗어나 깊고 거룩한 내면의 중심으로 잠겨 들어갑니다.

　우리의 영혼이 주님처럼 유한성에서 해방되고 모든 얽매이는 것을 벗어버린다면, 그리고 우리의 내면이 완전히 뒤집어진다면, 잃어버린 드라크마를 찾을 수 있을 것입니다. 이 드라크마의 발견은 우리의 이해를 초월하는 것이 될 것입니다.

사랑하는 형제들이여! 여기에 이르기 위해 자기를 버리는 것은 온 세상이 이루어낸 모든 업적과 공적들보다 훨씬 위대한 것입니다. 주님은 이 사실을 확신시켜 주려고 이렇게 말씀하셨습니다: "아무든지 나를 따라오려거든 자기를 부인하고 날마다 제 십자가를 지고 나를 따를 것이니라"(눅 9:23). 우리는 자기를 부인해야 하며, 하나님께로 나아가는 우리의 길을 방해하는 그 무엇에도 물러서지 말아야 합니다.

자기부인을 알지 못하는 사람들이 하나님의 징계를 받을 때에 그들의 시련이 이전 것보다 더 크므로 의심하며 절망에 빠집니다. 그리하여 그들은 "주님, 모든 것이 소용이 없습니다. 저는 모든 은혜와 빛을 빼앗겼습니다"라고 말합니다. 만일 우리의 영혼이 모든 것을 버리고 단순한 상태에 머문다면, 우리는 주님이 우리를 찾고 계시다는 사실을 기쁘게 여길 것이며 영원한 평화를 소유하여 부유하게 될 것입니다. 하나님이 어떤 방법으로 우리를 찾아내시든지, 어둡고 캄캄한 곳에서 우리를 찾으시든지, 뜨거운 열정 속에서 찾으시든지, 냉담과 절망 속에서 찾으시든지, 빈곤 속에서 찾으시든지, 우리는 하나님이 원하시는 대로 하시도록 해야 합니다.

이렇게 하여 우리가 하나님의 품에 안길 때 하나님은 우리를 어떻게 다루실까요? 하나님은 우리를 모든 피조물보다 더 높은 곳으로 인도하실 것입니다.

사랑하는 형제들이여, 두려워하지 마십시오. 많은 사람들이 딱딱한 빵과 물을 먹고 살고 있지만, 장차 자신이 원하는 곳에 도착할 것입니다. 높고 귀한 길로 가기를 원하지 않는 사람은 지금 내가 하는 말에 귀를 기울이지 않아도 됩니다.

앞에서 드라크마가 적절한 무게를 지녀야 하며 규정된 도안이 새겨져 있어야 한다고 말했습니다. 그 드라크마는 무게가 있기 때문에 내면의 중심으로 떨어져 그 속에 잠기며, 처음 만들어졌을 때처럼 빛나고 순수하고 흠이 없이 될 것입니다.

금화의 표면에 새겨진 형상은 매우 선명합니다. 그것은 그 영혼이 하나님의 형상으로 피조되었음을 나타낼 뿐만 아니라 하나님의 순수하고 거룩한 본질 속에 있는 형상과 동일한 형상을 영혼이 소유하고 있음을 나타냅니다. 하나님은 이 형상 안에서 당신을 사랑하시고 이해하시며, 당신 안에서 기뻐하십니다. 하나님은 그 영혼 안에 거하시고 생활하시고 역사하십니다.

영혼은 이 같은 하나님의 행위에 의하여 하나님과 같은 색깔을 띠게 되고 거룩해지고 하나님 안에서 변화됩니다. 영혼은 하나님과 일치하고 하나님 안에 침몰함으로써 본성적으로 하나님이 소유하시는 모든 것을 은혜로 소유하게 됩니다. 그리하여 자신을 초월하여 하나님의 중심으로 곧바로 날아갑니다. 영혼이 하나님의 색깔과 매우 비슷하기 때문에, 만일 영혼이 자기 자신을 본다면 자신을 하나님으로 착각할 정도입니다. 또 영혼을 보는 사람들은 그 영혼이 신적인 형태를 입고 있고 은혜의 빛으로 말미암아 하나님의 빛을 띠고 있음을 발견하고 기뻐할 것입니다. 왜냐하면 이것은 본성에 의한 것이 아니라 은혜에 의한 연합, 즉 하나님과 영혼이 하나가 되는 것이기 때문입니다.

그런데 영혼의 내면을 관찰해보면, 매사에 어둠만 선택하여 내면의 중심이 비뚤어져 있는 영혼에게는 이와 반대되는 현상이 있음을 알 수 있습니다. 이러한 영혼은 보기에도 더럽고 무서운 마귀처럼 보일 것입니다. 만일 우리가 그 영혼의 끔찍한 모습을 본다면, 필사적으로 도망칠 것입니다. 죽는 순간에도 덧없는 물질에 얽매어 헤어나지 못하는 영혼은 영원히 이 끔찍한 마귀의 모습을 벗어버릴 수 없을 것입니다. 물질에 대한 집착은 마귀만큼이나 지독하고 무섭습니다.

하나님이 순결하고 거룩하고 자유로운 영혼이 하나님을 바라보는 것과 같은 시선으로 그 영혼을 영원히 바라보실 것입니다.

그리고 그 영혼은 하나님과의 연합 안에서 기쁨에 잠겨 자신을 하나님으로 여길 것입니다. 왜냐하면 그 영혼이 하나님과 하나가 되었기 때문입니다.

하나님으로 하여금 자기의 영혼을 찾아내시도록 함으로써 이처럼 연합의 상태에 이른 사람들은 복 받은 사람들입니다. 이것은 우리의 감각을 초월한 것이요, 이성으로 이해할 수 없는 것이요, 말로 표현할 수 없는 것입니다.

이러한 상태에 도달하기를 원하는 사람은 신중하게 이 길을 택하며 그 길에서 벗어나지 말아야 합니다. 그렇게 하지 못하고 무절제한 애착에 빠지는 사람들은 영원히 그곳에 이르지 못합니다.

하나님, 우리가 이 옳은 길을 걸어갈 수 있도록 도와주십시오. 아멘.

네 종류의 그릇

이 설교는 인간에게 주어질 네 종류의 그릇(헤아림)과 거룩한 생활의 두 단계에 대해 다루며, 이웃을 사랑하는 방법에 대해서도 언급한다.

"너희 아버지의 자비로우심같이 너희도 자비로운 자가 되라"(눅 6:36).

누가복음 6장에서는 "너희 아버지의 자비로우심같이 너희도 자비로운 자가 되라 비판하지 말라 그리하면 너희가 비판을 받지 않을 것이요 정죄하지 말라 그리하면 너희가 정죄를 받지 않을 것이요 용서하라 그리하면 너희가 용서를 받을 것이요 주라 그리하면 너희에게 줄 것이니 곧 후히 되어 누르고 흔들어 넘치도록 하여 너희에게 안겨 주리라 너희가 헤아리는 그 헤아림으로 너희도 헤아림을 도로 받을 것이니라"고 말합니다.

가장 강조된 것은 "너희 아버지의 자비로우심같이 너희도 자비로운 자가 되라"입니다. 요즈음에는 이 덕을 찾아보기가 매우 어렵습니다. 우리는 가난한 이웃에게 자비를 행해야 합니다. 그저 선물을 주는 데 그치는 것이 아니라 그들의 연약함을 자비로이 짊어져 주어야 합니다. 그런데 사람들은 오히려 이웃을 공격하고 비판합니다. 혹시 이웃에게 예상하지 못했던 불행이 닥치면, 그에게 달려가서 그의 불행에 자신의 몫까지 더해줍니다. 이런 식으로 사람들은 이웃의 짐을 더해주고 불행을 가중시키며 비참하게 만듭니다. 사실을 확인하지도 않고 하는 악담 때문에 얼마나 많은 불행이 초래됩니까? 우리는 남을 비판하기 전에 먼저 우리가 하려는 말에 대해 생각해 보아야 합니다. 남을 비판하는 것은 부끄럽고 악한 일입니다. 주님은 "비판을 받지 아니하려거든 비판하지 말라 너희가 비판하는 그 비판으로 너희가 비판을 받을 것이요 너희가 헤아리는 그 헤아림으로 너희가 헤아림을 받을 것이니라"고 말씀하셨습니다(마 7:1-2).

이제 주님이 말씀하신 네 종류의 그릇에 대해 생각해 보겠습니다. 주님은 하나님이 주실 네 종류의 그릇을 말씀하셨습니다. 즉 "후히, 누르고, 흔들고, 넘치도록" 주신다고 말씀하셨습니다. "후히" 주시는 그릇은 거룩한 사람들에게 적용되어 그들로 하여금 영생을 얻을 수 있게 해줍니다. "흔들어" 주시는 그릇은 그들의 육체에 적용되어 심판 날에 육체도 영혼과 함께 영광을 받게 해줍니다. "누르고"는 성도들의 교제를 가리키며, "넘치도록"은 가장 훌륭한 그릇으로서 우리가 중재인이 없이 하나님 안에서 기쁨을 누리는 것을 말합니다.

이 그릇들을 달리 해석할 수 있습니다. 첫째, 인간을 측량하는 이 그릇이 무엇이며 누가 측량하고 있는지 생각해 보십시오. 그릇은 우리의 의지 안에 거하는 사랑의 능력입니다. 이것은 우리의 행위와 생활과 영원한 행복을 측량하는 헤아림입니다. 많지도 않고 적지도 않게 정확하게 측량합니다. 이 그릇으로 측량하는 자는 은혜로 조명된 우리의 명철입니다.

"후히" 주시는 그릇과 관련하여 주목해야 할 첫 번째 사실은 우리의 의지를 하나님께 맡기고, 하나님과 거룩한 교회의 명령에 따라 생활하고, 성찬에 참여하고 믿음을 굳게 지켜야 한다는 것입니다. 또 죄를 회개하고 다시는 죄 짓지 않기로 결심하며, 오늘날에는 보기 드문 일이지만 참회의 보속 생활을 하며, 하나님을 경외하고 이웃을 사랑해야 함을 의미합니다.

이것이 기독교인이 되어 기독교인의 생활을 한다는 것의 의미입니다. 이것이 "후히" 주시는 그릇으로서 영생으로 이어지는 생활입니다. 여기에서 한 가지 추가하고 싶은 것이 있습니다. 하나님은 이 그릇으로 은혜를 주시려고 많은 사람들을 부르시고 초대하셨으며, 그 이상의 것을 그들에게 요구하지 않으십니다. 실제로 그들은 이 길을 따라가며 온전한 생활을 하여 정화淨化의 단계를 거치지 않고 영생을 얻습니다.

그러나 이것은 하나님께 이르는 길 중에서 가장 초보적인 단계입니다. 그보다 높은 단계, 보다 고귀한 목표를 향하라는 하나님의 부르심을 받는 사람들이 있습니다. 그들 중에는 인간의 마음으로는 헤아릴 수 없이 강력한 정화의 고통을 겪어야 하는 사람들이 있습니다. 그러나 이 과정을 통과한 후에 하나님께서 그들을 다른 사람들보다 수천 배나 더 높이 들어 올려주실 것입니다.

영적 여행을 시작한 사람이 행해야 할 표면적인 경건의 실천에는 끝이 없습니다. 그는 끊임없이 기도하고 금식하며 많은 경건한 일들을 행해야 합니다. 그런 후에 내면의 중심에서 힘을 다해 하나님을 찾으면 "흔들어" 주시는 그릇, 즉 내면의 수행이 주어집니다. 이는 하나님의 나라가 그곳에 있기 때문입니다. 이 두 방법 사이에는 달리는 사람과 가만히 앉아 있는 사람만큼의 큰 차이가 있습니다. 표면적 경건 실천이 내면생활을 방해하지 않는 단계에 도달할 수 있다면, 이 두 가지를 모두 갖추는 것이 한 가지만 있는 것보다 좋습니다. 그러나 내면의 수행에 방해가 된다고 판단된다면, 표면적인 경건 실천을 포기하십시오. 성직자들이 어떻게 자신의 직무를 준수하는지 생각해 보십시오. 성직자들은 사순절에 많은 시편을 암송하고 여러 종류의 기도를 드립니다. 그러나 부활절이면 일상적인 직무를 줄이고 시편 세 편과 한 번의 응답송, 그리고 본기도만 드립니다. 주요 축일에는 마리아의 기도와 기원을 생략합니다.

그러므로 하나님께서 내적 관상이라는 큰 잔치에 참여하라고 당신을 부르신다면, 그것을 방해하는 표면적인 경건의 실천을 과감하게 생략하십시오. 우리의 내면생활은 거룩하고 기쁨이 가득한 생활이기 때문입니다. 사랑을 일으킬 수 있는 것을 묵상하십시오. 즉 주님의 인성, 수난, 거룩한 상처, 거룩하신 하나님, 성삼위일체, 하나님의 전능하심과 지혜와 자비, 그리고 우리를 향한 선하심 등을 묵상하십시오. 그중 어느 것이 가장 큰 감화를 주면 그것에 감사하고 그것을 통해서 깊은 곳, 즉 내면의 중심으로 들어가서 하나님을 기다리십시오. 표면적인 경건의 실천보다 사랑으로 행해지는 이러한 수행을 통해서 훨씬 더 많이 하나님을 영접할 수 있습니다. 경건의 실천이 내면적인 것이 될수록 좋습니다. 이는 표면적인 경건 실천의 능력이 내면으로부터 비롯되기 때문입니다. 한 방울의 강력한 포도주가 전체의 물맛을 향기롭게 하듯이, 한 방울의 내면생활이 표면적인 경건 실천을 가능하게 하고 높여 줍니다.

어떤 사람들은 아주 넓은 그릇을 가지고 있으며 영적으로 묵상하는 방법을 알고 있지만 겸손과 보편적인 자비가 결여되어 있기 때문에 그릇의 깊이가 한 치밖에 되지 못합니다. 어거스틴은 "우리가 얼마나 오랫동안 기도했으며 얼마나 많은 선행을 했는가가 아니라 우리의 사랑이 얼마나 큰가가 중요하다"라고 말했습니다. 옥수수나 포도를 수확하는 사람들을 보십시오. 그들은 자신이 수확한 것을 먹고 잔치를 벌이지 않습니다. 그들의 몫은 물과 딱딱한 빵입니다.

이제 "흔들고 눌러서" 주시는 그릇에 대해 생각해 보겠습니다. 이것은 사랑의 발로發露로서 모든 것을 자신에게로 이끌어 들입니다. 이것은 모든 선행, 생명력, 고난 등을 자신의 그릇 안에 끌어들입니다. 이것은 선한 사람이 행한 것이든 악한 사람이 행한 것이든 막론하고 세상의 선한 것을 모두 끌어들입니다. 만일 우리의 사랑이 선을 행하는 사람들의 사랑보다 더 크다면, 그 사랑의 위력 때문에 그들의 선행이 우리의 것이 됩니다. 밤마다 예배에 참여하여 시편을 낭송하고 찬송을 부르고 자기부인의 생활을 실천한 것이 유익이 되는 것이 아니라, 이처럼 충만한 사랑이 유익합니다. 사람들 중에는 자신의 그릇 안에 모든 것을 담을 수 있는 사람들이 있습니다. 세상에 있는 것을 하나도 놓치지 않고 모조리 그 안에 담을 수 있습니다. 그러나 하나님을 목표로 삼지 않고 사역하는 사람들을 하나님은 염두에 두지 않으십니다. 이런 까닭에 바울은 "내가 내게 있는 모든 것으로 구제하고 또 내 몸을 불사르게 내줄지라도 사랑이 없으면 내게 아무 유익이 없느니라"(고전 13:3)고 말합니다.

모든 것이 사랑에 의존합니다. 우리가 행하는 악은 우리 자신의 것으로 남지만, 우리가 실천하는 선은 사랑에 귀속됩니다. 이것은 마치 곡식을 그릇에 쏟아 부으면 그것들이 마치 한 알의 낟알이 되기를 원하는 듯이 밀려들어가서 서로를 누르는 것과 같습니다. 사랑은 하늘과 모든 천사들과 순교자들의 고난 안에 있는 선을 끌어당기는 힘이 있습니다. 또 사랑은 하늘과 땅에 있는 모든 피조물 안에 포함되어 있는 선을 자신에게로 끌어들입니다. 그런데 이 피조물들의 선은 많이 상실되어 있거나 상실된 것처럼 보입니다. 이것이 아주 없어지지 않도록 막아주는 것이 사랑입니다. 경건한 교사들과 성도들은 영생에 위대한 사랑이 가득 차 있다고 말해줍니다. 만일 어느 영혼이 자기보다 더 큰 사랑을 소유한 영혼을 보면, 마치 자기 일처럼 기뻐합니다. 이 세상에서 그러한 성품이 가까이 이르는 분량만큼 내세에서의 기쁨도 클 것입니다.

자신의 그릇 안에 이 세상에서 가장 많은 사랑을 담은 사람이 하늘에서 가장 큰 기쁨을 얻을 것입니다. 마귀는 이것을 싫어하기 때문에 우리를 유혹하여 독선적으로 만들며, 우리의 이웃 및 그들이 행하는 일들이 우리 자신보다 못하다고 여기게 만듭니다. 그렇기 때문에 우리는 이웃을 비판하고 그들의 행위를 깎아내림으로써 우리 자신의 사랑을 빼앗깁니다. 결과적으로 우리가 비판하는 말이 활시위를 떠난 독화살이 됩니다. 이 화살이 겨냥하는 과녁은 우리 자신의 영혼입니다. 그 화살이 우리 영혼에게 영원한 죽음이라는 상처를 입히며, 우리의 그릇 안에 쌓아둔 모든 것을 쏟아버립니다. 이것보다 더 무섭고 불행한 일을 상상할 수 있겠습니까!

그러므로 혀를 경계해야 합니다. 그렇지 않으면 마귀가 우리 마음에 선한 사람에 대한 혐오감을 심고 그를 비난하게 만들 것이며, 우리는 이 혐오감을 말로 표현할 것입니다. 그렇게 되면 우리는 그 사람의 은혜, 덕행, 그리고 그의 사랑의 깊은 중심에 있는 모든 것 중에서 우리가 소유했던 몫을 상실합니다. 이 몫에 대해서 선지자는 "머리에 있는 보배로운 기름이 수염 곧 아론의 수염에 흘러서 그의 옷깃까지 내림 같고"라고 말했습니다(시 133:2). 많은 털들이 모여 하나의 수염을 이루기 때문에 수염에 흘러내린 보배로운 기름을 모든 털이 받을 수 있습니다. 그러나 수염에서 떨어져 나온 털은 보배로운 기름을 한 방울도 받지 못할 것입니다. 사랑도 마찬가지입니다. 우리가 모든 것을 포용하고 구별이 없이 그 은혜를 나누어주는 한 사랑이 보배롭고 감미로운 기름으로 남아 있겠지만, 만일 우리가 자신의 사랑에서 어떤 사람이나 사물을 배제한다면 이 기름을 한 방울도 받지 못할 것입니다.

사랑으로 모든 사람을 포용하십시오. 모든 사람에게 사랑을 베푸십시오. 그리고 누구에게서도 평화를 빼앗지 마십시오. 위대하신 대제사장이 우리 안에 거룩하게 구별해 놓으신 성전을 파괴하여 심판을 자초하지 마십시오. 안타깝게도 인간의 본성은 형제애로부터 소외되어 있습니다. 어떤 사람이 자기 형제가 타락하는 것을 보고서 내버려 두는 것은 그의 사랑이 비뚤어진 결과입니다. 자신의 사랑이 온전한지 살펴보고, 자신의 결점들을 조심하여 경계하며, 이 땅에 사는 동안 하나님을 경외하십시오. 이 세상을 떠난 후에 후회해도 소용이 없습니다. 다시 무엇을 선택하여 행하거나 취소할 수 없습니다. 그 때 성모 마리아나 모든 성도들이 우리를 위해 피와 눈물로 중보기도를 해주어도 소용이 없습니다. 그러므로 지금 조심하고 정신을 차려야 합니다. 하나님은 우리에게 새로운 은혜를 주시려고 끊임없이 우리를 기다리십니다. 지금 놓치면 장래에는 그것을 받지 못할 것입니다. 참 사랑은 결코 부족함이 없습니다. 그렇기 때문에 바울은 "사랑은 모든 것을 참으며 모든 것을 믿으며 모든 것을 바라며 모든 것을 견디느니라"고 말했습니다. 지금까지 말한 사랑이 이러한 사랑입니다.

이제 "넘치도록" 담아 주시는 그릇에 대해 생각해 보겠습니다. 이것은 충만하고 풍성하고 풍부하게 주시는 것입니다. 그릇에 가득 담고 사방으로 흘러 넘치도록 주시는 것입니다. 주님이 손가락 하나로 이 그릇을 건드리시면, 이제까지 담겨 있던 것과는 비교할 수 없이 충만한 하나님의 은사들이 넘치게 됩니다. 그 그릇에서 쏟아져 나온 것들은 자신이 발생한 근원 안에 흘러 들어가서 그 근원에 완전히 합류합니다. 모든 소망, 지식, 사랑, 명철 등이 흘러 넘쳐서 하나님 안에 합류되어 하나님과 하나가 됩니다. 하나님은 이러한 영혼들 안에서 자신을 보시고 사랑하십니다. 그들이 하는 일은 모두 그들 속에 계시는 하나님의 사역입니다. 이 넘치는 사랑에는 끝이 없습니다. 이런 사람들은 이웃에게 자신의 사랑을 부어주고픈 사랑의 강권을 받기 때문에 이렇게 말합니다: "주님, 선행을 하고서도 결국 타락한 죄인들을 불쌍히 여겨 주십시오. 그들에게 주님의 풍성한 식탁에서 떨어지는 부스러기를 주십시오. 그들이 정화되어 구원받게 해 주십시오."

"사랑의 주님, 그들에게 주님이 남기신 부스러기를 주십시오!" 그리하면 그들의 그릇이 흘러 넘쳐서 온 교회와 성도들과 죄인들에게까지 흘러들어가며, 이제까지 이룩한 모든 선을 하나님의 중심으로 운반할 것입니다. 아주 작은 선행에서 가장 큰 선행에 이르기까지 하나도 낭비되지 않습니다. 아주 짧은 기도, 하나의 단순하고 선한 의도, 아주 작은 신앙의 행위도 낭비되지 않습니다. 이렇게 적극적인 사랑 속에서 그들은 모든 천사들과 성도들이 천국에서 소유하고 있는 것들을 하나님, 하늘 아버지께 바칩니다. 이 넘쳐 흐르는 그릇에는 복 받은 사람들, 천국 백성들의 사랑과 축복도 담겨 있습니다. 이런 사람들이 없었다면, 우리들은 어찌 되었을까요?

주님, 이 "넘쳐 흐르는" 그릇을 얻을 수 있게 해주십시오. 아멘.

기도

이 설교는 영성생활의 세 단계를 설명한다. 힘을 다하여 노력하며, 영적으로 기도하며, 모든 행동을 신적 차원으로 들어 올리라고 가르친다.

"너희가 다 마음을 같이하여 기도하라"(벧전 3:8).

베드로는 마음을 같이하여 기도하라고 권면합니다. 그는 우리가 행할 수 있는 가장 유익하고 즐겁고 고귀한 일에 대해 언급합니다. 그것은 대단히 효과적이며 사랑이 풍성하기 때문에 지상의 그 어떤 행위보다 우월한 것입니다.

오늘은 기도의 본질과 유형과 방법, 그리고 기도 장소에 대해서 말씀드리겠습니다.

기도란 무엇입니까? 성도들과 영적 교사들이 가르쳐 주는 바와 같이 기도의 본질은 우리의 마음과 정신을 하나님께 올려 보내는 것입니다. 주님은 우리에게 영적으로 기도해야 할 장소를 가르쳐 주십시오.

기도의 본질과 방법, 즉 어떻게 기도를 시작하여 어떻게 결말을 짓는가에 대해서 이야기하겠습니다. 기도하려는 사람은 먼저 침잠(정신집중)해야 합니다. 감각들을 내면의 중심으로 거두어들이고 정신을 하나님께 향해야 합니다. 침잠에는 세 단계가 있습니다. 영혼으로 하여금 신속하게 기도를 시작할 수 있게 해주는 것이 무엇인지, 참되고 진정한 헌신을 효과적으로 시작하게 해주는 것이 무엇인지 세심하게 살펴본 후 이 특별한 방법을 실천하는 것도 좋은 일입니다. 한 가지 분명한 사실이 있습니다. 우리가 순수하게 효과적인 기도를 드리고 응답을 받으려 한다면 덧없고 표면적인 것들, 하나님의 것이 아닌 것들로부터 돌아서야 합니다. 친구들이건 낯선 사람이건 간에 그들로부터 돌아서야 합니다. 또 유행, 장신구, 보석 등 하나님에게 근거하지 않은 모든 것들에서 돌아서야 합니다. 그리고 말을 절제하고 행동을 흠이 없이 해야 합니다.

이것이 참된 기도를 위해 준비해야 할 일입니다. 베드로는 "마음을 같이하여" 기도하라고 했습니다. 이것은 우리가 하나님만을 유일하고 지고하신 선으로 여겨 매달리며, 기도하는 순간에 하나님만 응시하며 사랑과 인내로 하나님을 신뢰하라는 의미입니다. 우리가 자신의 것이라고 여기는 모든 것이 하나님에게서 온 것입니다. 우리가 할 수 있는 최소한의 일은 하나님에게서 받은 것을 하나님께 돌려드리며, 분심되지 않은 단순한 마음으로 하나님을 응시하는 것입니다. 그런 후에 정신과 영의 모든 힘을 집중하여 그것들을 하나님께 들어 올려야 합니다.

　이것이 올바른 기도의 태도입니다. 단순히 시편 또는 기도문을 암송하거나, 생각이 제멋대로 뻗어가도록 내버려둔 채 드리는 기도는 참 기도가 아닙니다. 만일 경건의 실천이 겉으로는 선하고 훌륭한 것처럼 보이지만 영적으로 기도하는 데 방해가 된다면, 주저하지 말고 중단하십시오. 그러나 성무일과는 예외입니다. 성무일과는 교회의 계율에 따른 것으로서 반드시 실천해야 합니다. 성무일과 외에 마음으로 기도하는 데 방해가 되는 것들을 모조리 버리십시오.

　그런데 때때로 공동체 전체가 특별한 목적으로 오랫동안 공식적인 청원기도를 해야 할 때가 있습니다. 경건한 마음을 가진 사람이 표면적인 구송기도 때문에 방해를 받는다고 느낄 때에 어떻게 행동해야 할까요? 표면적인 구송기도를 하면서 동시에 하지 말아야 합니다. 그것은 어떻게 하는 것입니까? 그것은 영혼의 중심에 침잠하여 힘을 다해서 마음을 하나님께 올려 보내며,

내적으로는 하나님의 현존을 응시하고 하나님의 가장 귀한 뜻을 갈망하는 것입니다. 자기 자신과 모든 피조물에 대해서 죽고 하나님의 거룩하신 뜻 안에 침몰해야 합니다. 그 후 오로지 하나님의 영광이 자신의 기도를 필요로 하는 사람들에게 유익과 위로가 되기를 바라면서 자신에게 맡겨진 모든 것을 기도 속에 끌어들여야 합니다. 이것이 수천 개의 기도문을 암송하는 것보다 훨씬 더 좋은 방법입니다.

이 영적 기도가 모든 표면적인 기도보다 우월합니다. 그것이 하늘 아버지께서 우리에게 요구하시는 기도입니다. 다른 기도들은 이 목적을 위해서 존재합니다. 그러므로 만일 이런 기도들이 우리를 영적 기도로 인도하지 못한다면 서슴지 말고 그것들을 버리십시오. 이 과정을 교회 건물을 건축하는 일에 비유할 수 있습니다. 여러 종류의 작업이 진행되며 수많은 인부들이 각기 다른 일을 합니다. 돌을 나르는 사람이 있고 시멘트를 바르는 사람도 있습니다. 많은 사람들이 여기저기에서 여러 가지 일을 하지만 목표는 하나, 교회 건물을 건축하는 일입니다. 그들은 하나님의 집, 기도하는 집을 건축하기 위해 노력하고 있습니다. 모든 작업이 기도를 위해서 진행되므로, 이러한 여러 가지 활동의 목표가 기도라고 할 수 있습니다. 내면의 영적인 기도에 있어서도 마찬가지입니다. 이것을 이루는 데 도움을 주는 일들은 그 목표에 도달할 때 그 소임을 다하는 것입니다. 서로 방해하지 않는 상태에서 이 두 가지 기도(내면적 기도와 표면적 기도)를 행할 수 없을 때에는 내면적 기도를 표면적 기도보다 우위에 두어야 합니다. 이렇게 기도할 수 있을 때 즐거움과 행위가 하나가 될 것입니다. 왜냐하면 그것들이 하나님 안에 있기 때문인데, 하나님 안에서는 가장 고귀한 행동과 가장 순수한 즐거움이 통일체를 이룹니다. 그것이 거룩하신 위격들 안에 거하는 활동과 더불어 방해받지 않고 이루는 고귀한 성취, 단순한 신적 본질의 중심에서 누리는 즐거움입니다.

신적인 부성父性을 지니신 하늘 아버지는 순수한 활동력이십니다. 그분 안에 있는 것은 모두 활동합니다. 아버지는 자기이해라는 행위를 통해서 사랑하는 독생자를 탄생시키셨고, 이 두 분은 거룩한 포옹 속에서 성령을 발현시키셨습니다. 그들 상호간의 사랑은 영원하고 근본적인 삼위의 활동입니다. 그러면서도 그들은 피조되지 않은 존재로 신적 본질의 단순성 안에 거하시며, 고요하고 단순하게 하나님의 존재를 누리십니다. 활동과 즐거움이 하나입니다. 하나님이 자기의 모양대로 피조물을 지으셨으므로, 피조물에게는 본성적으로 활동성이 있습니다. 하늘,

해와 별들, 그리고 이것들보다 훨씬 우월한 존재인 인간과 천사들이 모두 나름대로 활동합니다. 작은 꽃 한 송이, 풀잎 하나 안에서도 하늘의 천체들이 역사했습니다. 특히 하나님이 친히 그것들 안에서 일하고 계십니다. 하나님의 형상으로 지음을 받은 고귀한 피조물인 인간이 하나님을 닮아 활동성을 지닌다는 것이 놀라운 일입니까? 하나님의 형상 안에 그분의 능력을 부여받은 인간이 하나님과 같은 존재가 되지 말아야 합니까? 이성을 지닌 고귀한 피조물인 인간은 이성이 없는 피조물들보다 고귀하게 행동해야 합니다. 인간이 그 행위와 계획에 있어서 하나님을 닮았으므로 모든 피조세계가 인간을 따라야 합니다. 인간이 자신의 고등 능력이나 하등 능력을 가지고 어떤 방향을 향하든지 그는 영원히 활동할 것이며, 인간의 각각의 능력은 그 대상에 어울리는 방법으로 활동합니다. 그 대상이 하나님이든지 피조물이든지, 인간의 능력들은 자신의 본질에 맞는 대상을 따라 활동합니다.

　세속적인 관심사는 버려두고 하나님과 거룩한 것들을 자신의 활동의 대상으로 택하는 사람들의 행위는 거룩해질 것입니다. 예수 그리스도의 고귀한 영혼은 그 가장 높은 능력을 가지고 끊임없이 하나님을 향했습니다. 세상에 탄생하신 날부터 주님의 영혼은 그 목표를 향해 나아갔습니다. 그리하여 성부와 동일한 지식을 소유하셨고, 지금도 소유하고 계십니다. 주님은 하등 능력들을 통해서 활동하시고 움직이시고 고난 당하셨습니다. 주님의 지상생활에는 기쁨과 사역과 슬픔이 섞여 있었습니다. 십자가에 달려 돌아가시는 순간에도 주님은 자신의 고등 능력 안에서 하늘에서 누리는 것과 동일한 하나님 현존의 기쁨을 소유하셨습니다. 그러므로 그 안에서 활동과 즐거운 관상이 하나가 되는 거룩하신 하나님께 자신을 맡기고 따르려는 사람들은 죽은 후에 하나님과 흡사하게 됩니다. 그 때 그들의 존재는 본질적이고 영원한 기쁨에 휩싸일 것입니다.

이 고귀한 사역을 소홀히 하며 귀한 능력을 사용하지 않고 내버려 두는 사람들은 심각하고 무서운 방법으로 자기 자신을 방해합니다. 그들은 비참하게 생활합니다. 그들은 귀중한 시간을 낭비했기 때문에 그 대가로 장차 영원한 상을 거의 받지 못한 채 참을 수 없는 고통을 받을 것입니다. 그들은 궁중에서 왕을 섬기는 데 적합하지 못한 촌사람과 흡사할 것입니다. 이 무익한 속물들은 하나님이 거하시는 곳, 하나님이 사랑하시는 자들이 영원히 함께 거하는 곳에 어울리지 못할 것입니다. 하나님과 전혀 관계가 없는 것처럼 생각하고 행동하며 살아가는 이 게으른 사람들은 악령들을 부추겨 자신을 유혹하게 만들며, 그 결과 그들의 공격을 받습니다.

　인간이 하나님의 모양을 지녔다는 근거는 그가 행동하는 동시에 즐길 수 있는 능력을 지니고 있다는 데 있습니다. 이것은 그가 내면적으로 심오하고 완전하고 순결한 갈망 속에서 변함없이 하나님을 신뢰할 수 있다는 것을 의미합니다. 이런 상태는 표면적으로 하나님을 섬기는 것과 크게 다릅니다. 지금 우리가 이야기하는 상태는 하나님의 현존에 대한 인식, 즉 내면적이고 관상적인 갈망입니다. 그것의 내면적인 모습은 즐거운 관상이며, 표면적인 모습은 모든 사람의 이익과 선을 위한 행동을 지향하는 것입니다. 이 움직임은 내면에서 시작되어 내면으로 돌아갑니다. 이 점에 있어서 내면생활은 표면생활의 후견인이 됩니다. 그것은 마치 숙련공 밑에 많은 젊은 수련생들과 하인들이 있는 것과 같습니다. 그들은 모두 숙련공의 지시에 따라서 일합니다. 숙련공은 직접 그들 가운데서 일하는 것이 아니라 가끔 나타나서 그들의 작업을 감독합니다. 그는 신속하게 규칙과 계획을 세우며, 그들은 그에 따라서 작업을 진행합니다. 그러나 숙련공에게 기술이 있고 모든 일이 그의 지시에 따라서 이루어지기 때문에, 사람들은 그 일이 그 숙련공 덕분에 이루어진다고 생각합니다.

그가 그 일에 통달해 있기 때문에, 모든 것이 그 작업을 행한 인부들이 아닌 숙련공의 공으로 여겨집니다.

내면적이고 중생한 사람도 마찬가지입니다. 그의 즐거움은 모두 내면적인 것들입니다. 그는 이성의 빛을 가지고 신속하게 자신의 표면적인 기능들을 감독하며, 그것들에게 지시하여 활동하게 합니다. 그러나 그는 내면적으로는 즐거운 마음으로 하나님을 신뢰하고 하나님 안에 침몰해 들어가며, 자신의 행동의 방해를 받지 않고 이 상태에 머뭅니다. 그의 모든 표면적 사역들이 이 내면적 사역에 기여합니다. 이것은 대단히 위대한 사역이기 때문에 표면적 사역에 종속될 수 없습니다. 우리는 여러 가지 다양한 행동들이 하나의 선한 사역을 구성하는 것을 알 수 있습니다.

거룩한 교회 안에도 동일한 질서가 존재하는데, 우리는 그것을 신비한 몸, 즉 그리스도를 머리로 삼는 신비한 몸이라고 부릅니다. 이 질서는 많은 지체가 있는 우리의 몸에도 존재합니다. 눈은 몸 전체를 볼 수 있지만 그 자체는 보지 못합니다. 입은 그 자체를 위해서가 아니라 온 몸을 위해 먹고 마십니다. 손과 발 등 모든 지체들이 고유한 기능을 수행합니다. 그리고 모든 기능들은 머리 밑에서 온 몸을 위해 봉사합니다. 마찬가지로 기독교계의 모든 일이 중요합니다. 종을 치는 일이나 불을 켜는 일도 이 내면의 일을 완성하는 데 기여합니다.

우리 몸의 지체들이 조화를 이루고 있듯이, 신비한 몸(교회) 안에 완전한 조화가 이루어져야 합니다. 누구도 이 결속에서 떨어져 나와 다른 지체에 해를 끼쳐서는 안 되며, 모든 지체들 안에서 자신을 보아야 합니다. 한 지체의 유익이 모든 지체에게 유익이 됩니다. 만일 교회 안의 어느 지체가 우리 자신보다 더 가치가 있음을 알게 된다면, 그를 우리 자신보다 더 귀하게 여겨야 합니다. 손이나 팔은 자신보다도 머리, 가슴, 또는 눈을 더 많이 보살핍니다. 그러므로 하나님의 지체들은 이웃 사랑에 의해 생기를 얻어야 합니다. 이 사랑은 머리 되시는 그리스도의 사랑을 받을수록 증가합니다. 주님이 이웃에게 선을 주시는 것이 곧 내게 주시는 것이 됩니다. 만일 이웃이 자신의 선을 사랑하는 분량보다 내가 그의 선을 사랑하는 분량이 더 크다면, 그 선이 이웃의 것이라기보다 내 것이라고 할 수 있을 것입니다. 이웃이 행하는 악은 이웃의 것입니다. 그러나 그의 안에 있는 선을 내가 사랑하면, 그 선이 내 것이 됩니다.

하나님은 바울에게 엑스터시를 주셨습니다. 그것은 내게 주신 것이 아닙니다. 그러나 만일 내가 이 일에서 하나님의 뜻을 맛본다면, 나는 이 엑스터시가 바울의 것이 아니라 내 것이기를 바랄 것입니다. 그리고 바울 안에 있는 이 엑스터시를 내가 사랑함으로써 그것이 내 것이 됩니다. 나는 바다 건너에 있는 사람이든지 원수이든지 모든 사람들을 이런 태도로 대합니다. 그리스도의 신비한 몸인 교회 안에도 이러한 조화가 있습니다. 그러므로 나는 하나님을 사랑하는 자들이 머리이신 분과 연합하여 소유하는 하늘과 땅의 보화를 받게 될 것입니다. 그들과 주님이 함께 소유하고 있는 모든 것, 하늘과 땅의 모든 보화, 천사들과 성도들의 모든 보화가 나에게 흘러들어올 것입니다. 그렇게 되려면 나는 하나님의 뜻에 따라 머리이신 그리스도께 복종하는 지체가 되며, 그의 모든 지체들에 대한 사랑 안에서 그분과 연합하며, 자아를 벗어버리고 주님을 닮아야 합니다.

우리는 자신 및 자신의 의지보다 하나님 및 하나님의 뜻을 더 사랑해야 합니다. 반짝이는 것이 모두 황금이 아닙니다. 시험해 보면 어떤 것은 구리입니다. 그러나 자기를 부인하고 모든 것을 버린 사람들은 영적으로 가난한 사람들로서 온 세상을 소유한 사람들입니다. 이 세상에서 이와 같이 변함없는 사랑, 기쁨과 슬픔을 함께 나누는 모습을 찾아보기가 정말 어렵습니다.

이제 신비생활의 세 단계에 대해 이야기하겠습니다. 첫 단계는 영성생활, 덕의 생활로서 우리를 하나님의 현존에 가까이 가게 해줍니다. 이것을 얻으려면 하나님의 놀라운 사역과 감추어진 선에서 흘러나오는 형언할 수 없는 은사들을 의지해야 합니다. 이것에서 영혼의 "기쁨"이라는 상태가 발생합니다. 둘째 단계는 영적인 가난입니다. 그것은 이상하게도 하나님이 영혼에게서 떠나가시고 영혼을 박탈당한 괴로운 상태에 버려두시는 것입니다. 셋째 단계는 신화神化된 생활, 즉 피조된 우리의 영이 피조되지 않은 하나님의 영과 연합하는 것입니다. 이것을 존재의 참된 변형이라고 부릅니다. 이 단계에 이른 사람들은 다시는 하나님에게서 떨어져 나올 수 없을 것입니다.

하나님이 하늘과 땅에서 우리에게 허락해주시는 놀라운 사랑의 표시들, 즉 우리와 피조물에게 보여주신 풍성한 은총, 하나님의 영광이 가득한 자연, 하나님이 피조물에게 부어주시는 말할 수 없이 큰 자비, 인간에게 주신 은사들, 잃어버린 인간을 찾아내어 인도하시고 풍성히 주시는 하나님, 길이 참으시며 인간들은 초대하시고 가르치시고 지켜주시는 하나님, 우리를 위해 인간이 되셔서 고난을 받으시고 우리를 하나님에게로 인도하기 위해서 자기 생명을 주신 하나님, 그리고 복된 성삼위께서 영원한 즐거움을 우리와 함께 누리려고 기다리신다는 점 등을 묵상함으로써 첫째 단계에 이릅니다. 이러한 사실들을 사랑으로 묵상할 때 우리 안에 크고 적극적인 기쁨이 생겨날 것입니다. 이러한 사실들을 사랑으로 묵상하는 사람은 내면의 기쁨에 압도되는데, 연약한 육체로 그것을 감당할 수 없어 특별한 형태로 그 기쁨을 발산합니다. 만일 그 기쁨을 표면으로 나타내지 못하면 육체의 질병 등 이상한 현상이 생기게 됩니다. 이처럼 인간은 주님이 얼마나 사랑스러운 분인지 맛볼 수 있고, 영적 포옹 상태에서 하나님과의 연합을 경험합니다. 그러므로 하나님은 인간 자신에게서 인간을 끌어내시며, 하나님과 같지 않은 상태에서 동일한 상태로 인도하십니다.

이와 같은 기쁨의 상태에 있는 하나님의 자녀들을 방해하거나 그들에게 표면적인 의식이나 활동을 부과해서는 안 됩니다. 만일 그렇게 함으로써 그들을 분심하게 만든다면, 그들은 자신을 파괴하게 될 것입니다. 어느 형제가 성무일과를 마친 후 성가대를 떠났다고 해서, 선임자가 그가 간 곳을 알아야 할 필요가 없습니다. 그런 식의 감독은 무익한 수도사에게나 필요한 일입니다. 어느 날 주님이 사랑하는 자에게 거룩한 입맞춤을 하셨습니다. 그런데 그는 이렇게 말했습니다: "주님, 제가 원하는 것은 이것이 아닙니다. 만일 내가 기쁨 때문에 정신을 잃는다면, 나는 주님에게 무익한 존재가 될 것입니다. 그렇게 되면 내가 어떻게 불쌍한 영혼들과 죄인들을 위해 기도할 수 있겠습니까?" 죄인들과 불쌍한 영혼들이 스스로 어찌할 수 없으므로, 세상에 있는 우리가 그들을 도와주어야 합니다. 하나님의 공의가 충족되어야 하기 때문에, 하나님은 우리가 그들을 돕기를 원하십니다. 이것이 땅에 살면서 하나님을 사랑하는 자들의 의무입니다. 자발적으로 그처럼 큰 위로를 포기한 사람은 큰 사랑의 소유자였습니다.

둘째 단계에 대해 이야기하겠습니다. 하나님은 인간으로 하여금 피조물을 벗어나게 하시고, 어린아이의 일을 버리고 장성한 어른이 되게 하시고, 영적으로 맛있는 것을 먹여 튼튼하게 하신 후에 단단한 음식을 주십니다. 왜냐하면 이제 그가 어른이 되었는데, 어른에게는 단단한 음식이 건강에 유익하기 때문입니다. 이제 그에게 젖이나 부드러운 빵이 필요하지 않습니다. 그의 앞에는 대단히 험한 길, 어둡고 고독한 길이 놓입니다. 그가 그 길을 걸어갈 때 하나님은 그에게 주셨던 것들을 모두 거두어 가십니다. 그는 완전히 홀로 남겨지고, 하나님에 대해서 아무것도 알지 못하게 됩니다. 그는 자기가 옳은 길을 가고 있는지, 자신이 하나님을 소유하고 있는지, 자신이 실제로 존재하고 있는지도

모른 채 방황합니다. 이상하게도 그가 깊은 고통을 당하기 때문에 넓은 세상도 그에게는 매우 좁게 느껴집니다. 하나님을 맛볼 수도 없고 알 수도 없습니다. 그리고 모든 것이 부족하기 때문에 그는 마치 자신이 두 개의 벽 사이에 갇혀 있으면서 앞으로는 칼, 등 뒤에서는 날카로운 창으로 위협을 당하는 것처럼 느낍니다.

이제 그가 어떻게 해야 합니까? 그의 앞뒤의 길이 모두 막혀 있습니다. 그는 땅에 앉아서 "재앙이여, 오너라. 그것도 은혜이다!"라고 소리칩니다. 자신이 사랑하는 대상에게서 사랑을 받지 못하는 것은 지옥보다 더 비참한 일일 것입니다. 그런 사람에게는 무슨 말을 해도 위로가 되지 못합니다. 이런 사람에게 하나님에 대해서 말해줄 수 없고, 피조물에 대해서는 더욱 말할 수 없습니다. 그가 전에 하나님을 강력하게 경험했다면 그만큼 하나님을 잃은 현재의 슬픔과 고통이 견딜 수 없이 클 것입니다.

힘을 내십시오. 주님은 멀리 계시지 않습니다. 참되고 살아 있는 믿음의 반석을 단단히 붙드십시오. 비록 현재의 상태에서 당신의 불쌍한 영혼은 이 견딜 수 없는 어둠이 빛에 굴복할 것이라고 상상할 수 없겠지만, 당신의 고통은 곧 끝날 것입니다. 주님은 영혼으로 하여금 무서운 시련들을 겪게 하신 후에(그 시련들이 경건의 실천보다 유익합니다), 다시 오셔서 그 영혼을 가장 높은 단계로 들어 올려주십니다. 그리고 그에게 새로운 눈을 주어 보게 하시고 진리를 계시해 주십니다. 이제 밝은 태양이 떠오르며, 영혼은 과거의 모든 고통들 위로 들려 올라갑니다. 이런 사람은 죽음에서 생명으로 돌아온 사람입니다. 그는 자신에게서 벗어나 주님에게 들어갑니다. 하나님이 그가 겪은 모든 고통을 보상해 주시고, 그의 상처를 치료해 주십니다. 하나님은 그를 높여 인간적인 존재에서 신적인 존재로, 슬픔에서 신적인 평화 속으로 인도하십니다. 그는 매우 거룩해지기 때문에 그가 곧 하나님이며, 그가 행하시는 것은 곧 하나님이 행하는 것입니다. 이 사람은 은혜로 말미암아 본성적인 모습을 초월하여 고귀하게 되었기 때문에 본질적으로 하나님처럼 됩니다. 이 상태에서 그는 자신의 자아가 하나님 안에서 상실되었다고 느낍니다. 그는 과거의 자아를 알지도 못하고 느끼지도 못하고 경험하지도 못합니다. 그가 아는 것은 하나님의 단순한 본질뿐입니다.

이 상태는 가장 심오한 단계의 겸손입니다. 이 상태에서 우리는 무無가 됩니다. 그것은 우리의 이해 능력을 초월하는 것입니다. 이 단계에서 우리는 자신이 무가치한 존재임을 깨닫습니다. 이보다 더 겸손 속으로 깊이 들어갈 수는 없습니다. 이곳에서는 깊이와 높이가 동일하기 때문에, 겸손 속에 깊이 들어갈수록 더 높이 올라갑니다. 사람이 이렇게 높이 올라갔다가 다시 자신에게 떨어져서 인간적인 교만에 빠지는 것은 루시퍼의 타락과 같습니다.

이 단계에 이른 사람은 "마음을 같이하여" 기도할 수 있습니다. 그것은 하나님과 우리가 하나가 되는 것입니다.

하나님, 우리가 이 단계에 이르도록 해 주십시오. 아멘.

은혜의 빛과 영광의 빛

이 설교는 두 종류의 빛 즉 은혜의 빛과 영광의 빛에 대해 이야기하며, 우리가 어떤 태도로 증언을 받아들여야 감미로운 사랑, 고통스러운 사랑, 황홀한 사랑을 경험할 수 있는지 말해준다.

"그가 증언하러 왔으니 곧 빛에 대하여 증언하고"(요 1:7).

이번 주는 세례 요한의 탄생을 기념하는 주간입니다. 예수 그리스도께서 요한에 대해서 "여자가 낳은 자 중에 세례 요한보다 큰 이가 일어남이 없도다"(마 11:11)라고 말씀하시며 요한의 영광과 위대함을 찬양하셨으므로 우리는 그 외의 다른 찬양을 드릴 수 없습니다.

주님은 다음과 같이 말씀하셨습니다: "너희가 무엇을 보려고 광야에 나갔더냐 바람에 흔들리는 갈대냐 그러면 너희가 무엇을 보려고 나갔더냐 부드러운 옷 입은 사람이냐 부드러운 옷을 입은 사람들은 왕궁에 있느니라 그러면 너희가 어찌하여 나갔더냐 선지자를 보기 위함이었더냐 옳다 내가 너희에게 이르노니 선지자보다 더 나은 자니라"(마 11:7-9). 요한은 자신을 가리켜 주의 길을 곧게 하라고 광야에서 외치는 자라고 말했습니다. 우리는 그를 찬양하여 빛을 내며 타오르는 등불이라고 합니다. 복음서 기자 요한은 그를 가리켜 "빛에 대하여 증언하는 자"라고 말합니다. 오늘 나는 이 마지막 표현에 대해 말하려 합니다.

이것은 요한에 대한 가장 높은 찬양입니다. 그는 "빛에 대하여 증언하는 자"라고 불립니다. 그가 증언하는 빛은 우리의 이해를 초월하는 빛, 참되고 뛰어난 빛입니다. 이 빛은 영혼의 가장 깊은 곳, 내면의 중심을 비추어 줍니다. 그런데 우리는 이 빛이 우리를 비추고 이 증언이 임할 때 영혼의 중심에서 그것을 받지 않고 오히려 돌아서 반대방향으로 달려가 모든 것을 나쁜 방향으로 돌려놓습니다. 우리는 표면적인 활동에 잠겨 있기 때문에 그 증언을 받지 못합니다. 한편 빛을 대적하기 때문에 받지 않으려는 사람들도 있습니다. 복음서 기자는 "(그가) 자기 땅에 오매 자기 백성이 영접하지 아니하였으나"라고 말합니다(요 1:11). 이들은 바리새인들처럼 세속적인 사람들입니다. 바리새인들은 스스로를 아브라함의 자손이라고 주장했지만, 세례 요한은 그들을 독사의 자식이라고 불렀습니다. 그들은 빛을 사랑하는 사람들의 반대편에 서며, 통탄스럽고 위험한 상태에 처해 있습니다. 그들은 실 한 가닥에 의해 신앙의 빛에 매달립니다.

인간의 본성은 연약하며 결점이 많습니다. 그렇기 때문에 자비하신 하나님이 초자연적인 도움과 능력을 가지고 그것을 구하러 오셨습니다. 그것이 은혜의 빛입니다. 그것은 피조된 빛이지만 본성을 높이 올려주며, 새 생명을 취하는 데 필요한 영양분을 가져옵니다. 그 외에 피조된 것이 아닌 빛이 있습니다. 그것은 영광의 빛, 즉 하나님 자신입니다. 우리는 하나님을 통해서, 하나님과 더불어, 하나님 안에서 하나님을 알 수 있습니다. 그러므로 시편 기자는 "주의 빛 안에서 우리가 빛을 보리이다"(시 36:9)라고 외쳤습니다. 이 빛은 넘쳐흐르는 빛으로서 세상 모든 사람들을 비추어 줍니다. 태양이 모든 피조물을 비추듯이, 그 빛은 선한 사람들뿐만 아니라 악한 사람들도 비추어 줍니다. 그 빛을 알지 못하면 그만큼 손해입니다. 어두운 방 안에 있는 사람이 창문을 찾으려면 빛이 필요합니다. 창문을 발견하면 문을 열고 창밖으로 머리를 내밀고 빛 가운데 거할 수 있습니다. 이런 사람들이 빛의 증인이 됩니다.

이 증언을 받아들이려 할 때 우선적으로 행해야 할 일이 무엇인지 생각해 봅시다. 세속적이고 일시적인 모든 것들로부터 이탈해야 합니다. 왜냐하면 우리 내면에 있는 하등 능력과 고등 능력이 이 증언을 받아야 하기 때문입니다. 가장 저급한 능력은 쾌락을 향한 욕망이요 성급한 욕망입니다. 이런 까닭에 쾌락을 원하는 욕망이 먼저 증언을 받을 것입니다. 그러므로 우리는 자신을 만족시켜주는 모든 본성적인 즐거움들로부터 스스로를 단절시켜야 합니다. 하나님은 우리가 욕구를 충족시키는 것을 허락해 주시지만, 우리는 사교, 유행 등 감각을 만족시키는 모든 것들을 떠나야 합니다. 하나님은 우리를 광야로 데리고 가십니다. 그것은 우리의 표면생활과 내면생활에서 영적인 소망이나 본성적인 소망을 탈피하는 이탈의 생활입니다.

둘째, 이 증언은 우리의 성급한 욕망 안에 들어와서 인내와 강건함을 가르쳐줍니다. 이 증언을 받은 후에는 갈대처럼 이리저리 흔들리지 않고 산처럼 요지부동하게 됩니다. 주님이 제자들에게 "너희가 무엇을 보려고 나갔더냐 부드러운 옷 입은 사람이냐"라고 말씀하신 것은 안일을 위해 육체적인 쾌락을 추구하는 사람들을 암시하신 것입니다. 그러나 육체의 쾌락을 멸시하면서도 갈대처럼 흔들리는 사람들이 많습니다. 그들은 사람들의 말에 따라 움직입니다. 그들은 신랄하고 혹독한 말을 들으면 균형을 잃습니다. 무척 어리석은 사람들이지요! 그런 말이 무슨 해를 끼칠 수 있습니까? 그들이 균형을 잃고 흔들리면 마귀가 다가와서 감언이설로 속삭여 무기력해지게도 하고, 의기양양하게도 만듭니다. 그들은 바람에 흔들리는 갈대입니다.

이 증언이 우리의 고등 능력, 즉 우리의 이성과 의지와 사랑에게도 주어집니다. 그것이 이성에게 주어지면, 우리의 이성은 선지자가 됩니다. 선지자란 "멀리 내다볼 줄 아는 사람"을 의미합니다. 이성이 얼마나 멀리 볼 수 있는지 알 때 우리는 놀라지 않을 수 없습니다. 빛의 비침을 받았으나 아직 이 단계에 이르지 못한 사람이 신비한 사실들을 들으면, 그의 영혼 깊은 곳에서 이성이 "맞아. 그것이 진리야"라고 증언합니다. 그런데 우리 주님은 "(그는) 선지자보다 더 나은 자니라"고 말씀하셨습니다. 이 것은 영혼의 깊은 곳에서 이성이 통찰하지 못하는 것을 우리가 빛 가운데서 볼 수 있다는 뜻입니다. 우리는 이 내면의 빛, 은혜의 빛 속에서 행하며, 그럼으로써 피조된 빛에 의해서 피조된 것이 아닌 신적인 빛을 보고 이해합니다.

우리의 기능들이 영혼의 중심의 1,600킬로미터 안에 들어오지 못하기 때문에, 이 모든 것들이 처음에는 어렴풋이 나타납니다. 영혼의 중심의 넓이는 형상이나 양식을 초월하며, 그곳에는 공간의 개념도 없습니다. 그곳은 깊이를 알 수 없는 무한히 깊은 심연입니다. 그곳은 고요하고 텅 빈 듯이 보이지만, 우리가 그 속으로 잠겨 들어갈 때 마치 모든 것을 삼키려는 듯이 순식간에 솟아나옵니다. 그곳은 하늘나라나 하나님의 피조물들 안보다 더 참된 하나님의 거처입니다. 하나님이 결코 이곳을 떠나지 않으시므로, 이 내면의 심연 속에 들어가는 사람은 그곳에서 하나님을 발견하고 하나님과 하나가 됩니다. 하나님이 항상 임재하시며, 과거나 미래가 존재하지 않으므로 영혼은 이곳에서 영원을 맛보게 됩니다.

이 내면의 중심은 하나님이 거하시는 곳이기 때문에, 피조된 빛이 그 안에 들어와서 비출 수 없습니다. 피조세계 전체로도 이 심연을 채우거나 깊이를 잴 수 없습니다. 피조물로는 그것을 통찰하거나 그것의 갈망을 충족시킬 수 없습니다. 하나님만이 자신의 무한하심으로 그곳을 채우실 수 있습니다. 이 영혼의 심연은 하나님의 심연에 속해 있습니다. 그러므로 시편 기자는 "깊은 바다가 서로 부르며"(시 42:7)라고 말합니다. 우리가 주의를 기울인다면, 이 내면의 중심이 우리의 능력들에게 빛을 비추어 하등 능력과 고등 능력들을 그 원천으로 이끌어 줄 것입니다. 이 깊음에 매달려 있으면 우리를 광야, 즉 내면의 중심으로 인도하시는 하나님의 음성을 들을 수 있을 것입니다.

이 광야를 지배하고 있는 고독은 상상을 초월하는 것입니다. 지식인들이 바삐 발표하는 삼위일체에 대한 논문에 기록된 단어나 생각으로는 이 고독을 표현할 수 없습니다. 그곳은 내면 깊숙한 곳이요, 무한히 먼 곳이며, 시간과 공간을 초월한 곳입니다. 이 내면의 중심은 지극히 단순하여 구별이 없는 곳입니다. 이곳에 들어가는 사람은 자신이 영원 전부터 그곳에 있었던 것처럼 느끼며, 비록 순간이기는 하지만 하나님과 연합한 것처럼 느낄 것입니다. 이 경험은 인간이 창조 전부터 하나님 안에 영속하고 있었음을 증언합니다. 하나님 안에 있었을 때 인간은 하나님 안에서 하나님이었습니다.

요한은 "만물이 그로 말미암아 지은 바 되었으니…그 안에 생명이 있었다"라고 말합니다. 인간이 지금은 피조된 상태로 존재하고 있지만 태초부터 본질상 하나님과 연합하여 존재하고 있었습니다. 그리고 인간이 그 근원에서 태어날 때, 즉 피조되지 않은 상태에서 피조된 상태로 출현하게 되었을 때 지니고 있었던 형상 없는 상태로 돌아가지 않는 한 하나님에게 돌아가는 길을 발견할 수 없을 것입니다. 그러기 위해서는 모든 본성적인 성향, 피조물에 대한 애착, 온갖 만족을 멀리해야 합니다. 아울러 영혼의 중심을 더럽히는 소유욕, 영혼이나 육체가 거리낌 없이 동의하는 무절제한 쾌락들도 사라져야 합니다. 이것들을 완전히 없애지 않는다면, 즉 처음 하나님에게서 나올 때의 상태를 회복하지 못한다면, 인간은 결코 근원으로 돌아갈 수 없습니다.

그러나 인간적인 형상들과 형태들로부터의 해방만으로는 충분하지 못합니다. 먼저 우리의 인간적인 영이 은혜의 빛에 의해 신적인 형상을 입어야 합니다. 물론 피조된 것이 아닌 빛, 즉 하나님 안에서가 아니면 누구도 하나님 안에 들어가거나 하나님을 이해할 수 없지만 만일 우리가 하나님의 형상에 맞춰 자신을 재형성하려 한다면, 내면의 중심에 들어가 완전한 질서 안에 거한다면, 이 세상에 살면서도 이러한 신적인 변형을 어렴풋이 경험할 수 있을 것입니다. 가끔 이 내면의 중심에 들어가서 평안을 느끼는 사람들은 비록 잠시 동안이지만 많은 고귀한 일들을 보게 될 것인데, 육체의 눈으로 태양을 보는 것보다 더 분명하고 똑똑하게 하나님을 볼 것입니다.

이교 철학자들은 이미 이 영혼의 중심에 대해 알고 있었습니다. 그들은 내면의 중심 깊은 곳을 추구하면서 세상의 무상한 것들을 하찮게 여기게 되었습니다. 프로클루스Proclus나 플라톤과 같은 위대한 교사들은 길을 발견하지 못하는 사람들을 안내하기 위해서 그것에 대해 분명히 설명했습니다. 어거스틴의 말에 의하면 플라톤은 요한복음의 첫 구절 "태초에 말씀이 계시니라"가 "하나님으로부터 보내심을 받은 자가 있었느니라"는 뜻임을 예견하고 있었다고 합니다. 그들의 사상 속에 성삼위의 개념이 이미 형성되어 있었지만 아직 구체화되지 못했던 것입니다. 이러한 인식은 그들의 내면의 중심에서 흘러나온 것입니다. 그들은 이것 때문에 살았고 이것을 소중히 여겼습니다.

기독교인들이 은혜와 믿음과 성례의 도움을 받으면서도 자아와 내면의 중심에 대해 알지 못한 채 눈 먼 닭처럼 이리저리 배회하는 것은 매우 부끄러운 일입니다. 그렇게 된 이유는 우리의 마음이 분산되고 흩어져 있기 때문입니다. 우리는 감각, 행동, 다양한 계획 등을 충족시키는 것을 중요하게 여깁니다. 우리는 철야기도, 시편 찬송 등의 경건한 관습에 사로잡혀 있기 때문에 내면의 중심에 이르는 길을 발견하지 못하고 있습니다.

우리의 그릇에 귀하고 맛있는 포도주를 채울 수 없다면 돌이나 재라도 담아야 합니다. 그렇지 않고 비워 놓으면, 마귀가 그 속에 들어옵니다. 이것이 정성 없이 기도문을 외우는 것보다 바람직합니다.

고등 능력 안에는 또 하나의 증인이 있습니다. 그것은 우리로 하여금 사랑하게 하며 의지를 갖게 하는 능력 속에 존재합니다. 우리는 그것을 빛을 내며 타오르는 등불이라고 찬양합니다. 이 등불은 빛과 열을 발합니다. 우리의 손으로 열기를 느낄 수 있지만 등잔 속을 들여다보지 않으면 그 안에서 타오르는 불꽃을 볼 수 없습니다. 이 비유를 곰곰이 생각해보면, 빛과 열에 대해 잘 이해할 수 있을 것입니다. 우리를 내면의 중심으로 인도해 주는 것은 상처를 주는 사랑입니다. 우리가 내면에서 이 사랑을 느낄 때 이 사랑이 우리를 몰아쳐서 마침내 우리로 하여금 표적을 맞추기 위해 활시위를 당기게 만듭니다.

그러나 우리가 감추어진 심연, 포로된 사랑captive love 속에 들어간 후에는 그 사랑이 하는 대로 놔두어야 합니다. 우리 자신이나 우리의 생각, 관습, 심지어 덕행까지도 우리 마음대로 해서는 안 됩니다. 만일 이 상태에서 우리가 마음대로 생각하거나 행동한다면, 다시 상처를 주는 상태로 돌아갑니다. 혹시 이런 일이 일어난다면 우리는 힘을 다해 자신을 높이 들어올리며, 사랑으로 돌진하며, 가능한 모든 기도와 소망의 도움을 받아 앞으로 나가야 합니다. 우리가 말할 수 없으면, 우리의 소망과 생각으로 하여금 말하게 하십시오. 어거스틴은 이렇게 말했습니다: "주님, 나에게 주님을 사랑하라고 명하셨으니, 주님이 명하신 것을 저에게 허락해 주십시오. 주님은 마음과 뜻과 힘과 정신을 다하여 주님을 사랑하라고 명하셨습니다. 주님, 나로 하여금 주님만 사랑하게 해 주십시오." 만일 지금 이것을 개념화할 수 없다면 소리 내어 표현하십시오. 가만히 앉아서 기다리지 마십시오. 그런 사람은 결코 이러한 사랑을 경험하지 못할 것입니다.

이 사랑이 지나간 후에 고통스러운 사랑agonizing love이 오고, 그 다음에 마지막으로 황홀한 사랑enraptured love이 임합니다. 오늘날 이러한 사랑은 줄어가고 이성이 증가합니다. 사람들은 물건을 사고 팔 때 이성을 교묘하게 사용합니다. 황홀한 사랑은 등불에 비유될 수 있습니다. 이 사랑을 가진 사람은 그 뜨거운 열기를 느낍니다. 그것이 그의 모든 능력들을 조급하게 만듭니다. 그는 자신이 이 사랑을 소유하고 있음을 알지 못한 채 이것을 동경하고 갈망합니다. 이 사랑이 그의 살과 피를 마르게 합니다. 이 단계에 도달한 후에는 표면적인 의식이나 경건 훈련이 오히려 해가 됩니다. 우리의 사랑으로 하여금 그 나름의 사역을 이루게 하려면 결코 물러서지 말고 그 사랑의 태풍을 통과해야 합니다. 어떤 사람은 이 태풍이 자신을 위한 것이 아니라고 말하면서 두려워하여 그것을 피하려 합니다. 황홀한 사랑이 임할 때에는 인간적인 행동을 모조리 버려야 합니다. 그 때 우리에게 오셔서 말씀하시는 분은 주님이십니다. 그분이 하시는 한 마디가 인간의 많은 말보다 더 귀하고 효과적입니다.

디오니시우스Dionysius는 이렇게 말했습니다: "영혼의 중심에서 영원한 말씀이 발언될 때 그 중심은 이미 준비되어 있기 때문에 말할 수 없이 무한하고 충실하게, 그리고 그 말씀을 부분적으로 받아들이지 않고 완전히 받아들일 수 있으며, 말씀과 하나가 됩니다." 그러나 내면의 중심과 말씀이 본질에 있어서 하나가 되는 것은 아닙니다. 이 연합 속에서도 영혼은 피조된 본성을 그대로 지닙니다. 주님은 이것을 증언하여 "아버지여, 아버지께서 내 안에, 내가 아버지 안에 있는 것같이 그들도 다 하나가 되어"라고 말씀하셨습니다. 또 어거스틴에게 "너는 변하여 내가 되어야 한다"라고 말씀하셨습니다. 이 황홀한 사랑의 단계를 통과하지 않은 사람은 하나님과 연합할 수 없습니다. 세례 요한이 "나는 주의 길을 곧게 하라고 광야에서 외치는 자의 소리로라"고 말한 것은 덕행의 길을 언급한 것입니다. 이 길은 매우 곧은길입니다. 또 그는 자신이 주의 길을 곧게 하러 왔다고 말했습니다. 큰길보다는 오솔길이 목적지에 이르는 지름길입니다. 들판을 가로질러 가야 하는 지름길은 매우 험하여 길을 잃을 수도 있지만, 탁 트인 큰길보다 더 가까운 길입니다.

내면의 중심으로 가는 오솔길을 발견하려면 정신을 차려 가장 가깝고 바른 길을 택해야 합니다. 그 길이 우리의 본성에 생소하고 험한 길이기 때문에 숙련된 사람들만이 그 길로 갈 수 있습니다. 그들은 장애물이나 인간적인 번민 때문에 주저하지 않을 것입니다. 오히려 모든 것이 내면의 중심을 지향하며 손짓하여 그들을 그곳으로 이끌어 갈 것입니다.

우리의 영을 하나님에게로 인도하고 하나님을 우리에게 인도해주는 내면의 길을 곧게 해야 합니다. 이 관계는 대단한 기술을 필요로 하는 것으로서 얼마나 어려운지 잘 알 수 없습니다. 많은 사람들이 이 단계에서 포기하고 표면적인 활동이나 경건한 관습을 향해 달려갑니다. 그것을 달리 표현하자면 로마를 향해 출발했다가 네덜란드로 가는 길을 택하는 것과 같습니다. 그렇기 때문에 그들은 앞으로 나아갈수록 목적지에서 멀어집니다. 다시 그 길로 돌아온다 해도 이미 늙고 기운이 쇠하여 강력한 사랑의 역사를 견뎌내지 못합니다.

이 사랑의 태풍에 휩싸였을 때 자신의 죄와 허물을 곱씹으며 걱정하지 말고 오직 그 사랑의 역사가 완성되기를 기다려야 합니다. 마음이 냉랭하고 무관심하고 완악한 것처럼 보일 때에도 이 태풍에 휩싸일 수 있습니다. 우리는 사랑이 아닌 것에서 벗어나 완전한 믿음 안에서 사랑을 붙잡아야 합니다. 항상 사랑을 갈망하며, 그것을 전적으로 신뢰하고 매달리십시오. 그러면 이 세상에서 가장 강력하고 압도적인 사랑을 경험하게 될 것입니다. 사랑에 대한 믿음이 완전하지 못하면, 우리의 갈망이 시들어버립니다. 그렇게 되면 사랑이 사라질 것이며, 우리는 전혀 유익을 얻지 못하게 됩니다.

이것이 매우 어려운 일인 것처럼 보입니다. 마귀는 우리가 영성생활의 특징적인 일들을 행하도록 내버려 두지만, 우리에게서 사랑의 참된 증언을 빼앗기 위해 전력을 다합니다. 그는 우리에게 온갖 종류의 변덕스러운 사랑을 주는데, 많은 사람들이 이것을 참 사랑으로 오해합니다. 그러나 내면의 중심을 조사해보면 그것이 참 사랑인지 거짓 사랑인지 알게 될 것입니다. 이와 같은 깊은 경지에 이르기 위해서는 내면의 중심에 접근해야 합니다. 그곳에서 우리를 끊임없이 위로 올려주는 은혜를 발견할 것입니다. 그런데 우리는 종종 그 음성을 거부하여 다시는 그것을 받지 못하게 됩니다. 이것은 자만심에서 기인하는 것입니다. 우리가 은혜의 빛에 응답하면, 그 빛이 우리를 인도하여 하나님과의 연합을 발견하게 해주고 과거에 다른 사람들이 경험했던 것처럼 영원히 우리의 것이 될 기쁨을 맛보게 해 줄 것입니다.

하나님, 우리 모두가 이 사랑을 경험하게 해 주십시오.
아멘.

하나님의 부르심

우리를 향한 하나님의 부르심을 잊지 말라는 사도 바울의 서신을 토대로 한 이 설교는 덕을 행하고 이기심을 죽이고 사랑을 실천하라고 권면한다.

"은사는 여러 가지나 성령은 같고"(고전 12:4).

바울은 "은사는 여러 가지나 성령은 같고…각 사람에게 성령을 나타내심은 유익하게 하려 하심이라"고 말합니다. 동일하신 성령이 만물 안에서 동일하게 역사하십니다. 우리는 유익하고 이롭게 사용하기 위해서 하나의 계시를 받았습니다. 성령은 어떤 이에게는 지식의 은사를 주셔서 믿음을 설명하게 하시고, 또 어떤 이에게는 다르게 역사하십니다. 바울은 여러 가지 은사를 열거하는데, 그것들은 모두 성령의 역사입니다. 그는 전반적으로 믿음을 증언하는 은사들을 언급합니다.

과거에 신앙을 증언하며 성령을 사랑하는 사람들 속에서 성령이 놀라운 일들을 행하셨습니다. 그리하여 위대한 표적들과 많은 예언들이 이루어졌습니다. 오늘날에는 이런 것들이 그리 필요하지 않습니다. 그런데 오늘날 기독교인들에게는 이교도들과 유대인들만큼도 살아 있는 참 믿음이 없습니다.

바울의 말을 생각해 봅시다. "은사는 여러 가지나 성령은 같고"(고전 12:4). 우리의 몸은 자연의 질서에 따라 여러 지체들과 감각들을 가지고 있습니다. 눈, 입, 귀, 손, 발 등 각각의 지체들이 특유의 기능을 지닙니다. 한 지체가 다른 지체의 일을 행하는 일이 있을 수 없습니다. 신자들은 주님을 머리로 하는 하나의 몸을 이룹니다. 이 몸의 각 지체들은 서로 다릅니다. 우리 중에 어떤 사람은 눈이요 어떤 사람은 손이며, 또 어떤 사람들은 각각 발, 입, 귀가 됩니다. 교회의 눈이 되는 사람들은 영적인 교사들입니다. 우리 평신도들은 그들이 하는 일에 관여할 필요가 없습니다. 우리는 주님이 우리에게 맡기신 일이 무엇이고 우리에게 허락해주신 은혜가 무엇인지를 자세히 조사해야 합니다. 왜냐하면 비록 하찮은 일이라도 모든 활동과 봉사는 하나님의 은혜로 주어지는 것이며, 동일하신 성령이 우리로 하여금 인류의 유익을 위해 그러한 일을 하게 하시기 때문입니다.

우리는 가장 비천한 일부터 시작해야 합니다. 어떤 사람은 바

느질을 잘하고, 어떤 사람은 구두를 지을 줄 알고, 또 실질적인 일을 잘하는 사람이 있고 그렇지 못한 사람이 있습니다. 이 모든 것이 하나님이 주신 은사요 성령의 역사입니다. 만일 내가 성직자가 되지 않았다면, 나는 구두 만드는 일을 자랑으로 여겨 힘이 닿는 한 좋은 구두를 만들어 생계를 유지했을 것입니다.

손이나 발이 눈이 되기를 원해서는 안 됩니다. 하찮은 일이라도 하나님께서 우리에게 맡기신 일을 해야 합니다. 우리는 각기 자신에게 맡겨진 일을 해야 합니다. 어떤 이는 노래를 잘 부르고, 어떤 이는 성무일과의 책임을 맡습니다. 그것들은 모두 성령의 역사입니다. 어거스틴은 "하나님은 불변하시고 거룩하시며 단순하시다. 그러나 만물 속에서는 다양한 방법으로 역사하신다. 하나님은 만물 안에 계시는 유일한 분이며, 하나 안에 모든 것을 포함하시는 분이다"라고 말했습니다. 사소하고 하찮은 일도 하나님의 특별한 은혜입니다. 만일 우리가 이웃을 돕거나 구제하지 않는다면, 장차 하나님 앞에 가서 그에 대해서 해명해야 할 것입니다. 복음서에는 모든 사람들이 자기에게 맡겨진 청지기 직분에 대해 해명해야 한다고 기록되어 있습니다. 우리는 힘이 닿는 대로 하나님에게서 받은 것들을 형제들에게 돌려주어야 합니다.

그런데 왜 사람들은 자신이 맡은 일이 자신의 성화聖化에 방해가 된다고 불평합니까? 우리에게 일을 맡기신 분은 하나님이시며, 그분은 결코 우리의 길을 방해하시지 않습니다. 그런데 왜 사람들이 만족하지 못합니까? 인간에게 모든 일을 분배해 주시는 분은 하나님의 성령이십니다. 그런데 우리는 그렇게 생각하지 않고 실망합니다. 우리에게 문제가 되는 것은 일 자체가 아니라 그 일을 행하는 무질서한 방법입니다. 만일 우리가 자신이 아닌 하나님을 위해서 되도록 쉽고 분명하게 일한다면, 사람의 기분을 상하게 하는 일을 두려워하지 않을 것입니다. 또 우리가 모든 활동 속에서 오직 하나님의 영광만 구한다면, 결코 자기의 유익이나 즐거움을 구하지 않을 것입니다. 우리가 이런 태도를 취한다면 어떤 비난이나 거리낌도 우리를 괴롭히지 못할 것입니다.

그러므로 영적인 사람이 순수한 의도를 갖지 않고 무절제한 방법으로 자신의 일을 행하며, 그 때문에 걱정하는 것은 매우 부끄러운 일입니다. 이것은 그가 행한 일들이 하나님 안에서 행해지지 않았으며, 하나님을 향한 참되고 순수한 사랑과 이웃의 유익을 위해 이루어진 것도 아님을 나타내기 때문입니다. 만일 우리가 자신이 행한 일에 만족한다면, 그것은 우리가 하나님만 바라보고 있었다는 것을 우리 자신과 다른 사람들에게 보여주는 증거가 됩니다.

주님이 마르다를 꾸짖으신 것은 그녀가 바삐 행한 일 때문이 아니었습니다. 마르다의 일은 선하고 거룩한 것이었습니다. 주님은 그녀가 지나치게 염려하는 것을 꾸짖으셨습니다.

우리는 어떤 식으로든 자신에게 주어지는 선하고 유익한 일을 행해야 합니다. 그러나 염려는 하나님께 맡겨야 합니다. 우리는 잠잠히 내면적으로 기운을 내어 세심하게 맡은 일을 행해야 합니다. 그렇게 함으로써 하나님을 그 일 안에 끌어들일 수 있습니다. 우리 영혼의 눈은 헌신적이면서도 자유롭게 자신의 내면을 향해야 하며, 항상 우리가 일을 행하는 동기를 살펴보고 우리의 의도를 바로잡아야 합니다. 우리는 성령께서 우리에게 쉬라고 하시는지 일을 하라고 재촉하시는지 경청하여 그 명령을 충실하게 따라야 합니다. 성령께서 우리의 휴식을 원하신다면 쉬고, 일하기를 원하신다면 일해야 합니다. 길 가다가 늙고 병든 사람을 만나면 그들에게 필요한 것을 재빨리 파악하여 도와주십시오. 우리는 항상 남의 짐을 대신 지며 사랑의 일을 행하는 특권을 얻기 위해 경쟁해야 합니다. 그렇게 하지 않으면 하나님이 우리의 일을 빼앗아 다른 사람에게 주실 것이며, 우리는 은혜와 덕을 잃고 버림받을 것입니다. 만일 일할 때에 하나님의 은밀한 손길을 느낀다면, 그 일을 소홀히 하지 말고 주의를 기울이십시오. 우리의 활동 속에 하나님을 끌어들이고, 그분의 손에서 벗어나지 마십시오.

이것이 덕을 실천하는 방법입니다. 교사가 되려면 덕을 실천해야 합니다. 우리가 노력하지 않으면, 하나님이 우리에게 덕을 주입해 주시지 않습니다. 덕을 얻으려고 열망하지 않는 사람에게 성부와 성자와 성령이 흘러들어간다고 생각해서는 안 됩니다. 많이 노력하지 않고 얻는 덕은 작고 하찮은 것들입니다.

농부가 옥수수를 타작하다가 몰아의 상태에 빠졌습니다. 만일 천사가 와서 도리깨를 붙잡아 주지 않았으면, 그는 도리깨로 자기 자신을 내리쳤을 것입니다. 그런데 우리는 항상 관상을 할 수 있는 자유 시간을 달라고 요구합니다. 이것은 게으른 태도입니다. 사람들 모두가 눈이 되기를 원하고 있습니다. 모두가 일하기를 원하지 않고 관상기도만 원합니다.

나는 하나님의 은혜를 많이 받은 사람을 알고 있습니다. 그는 평생 밭을 경작하며 농사를 지어온 농부입니다. 언젠가 그는 주님께 자신이 농부의 일을 버리고 성직자가 되는 것이 어떻겠느냐고 물었는데, 주님은 그것을 원하지 않는다고 대답하셨습니다. 주님은 자신의 귀중한 피를 영화롭게 하기 위해서 그가 땀을 흘리며 노동하여 생계를 유지하기를 원하셨습니다.

우리는 각기 자신의 형편에 따라 하루 중 적당한 시간을 택하여 내면의 중심에 들어가야 합니다. 하나님 안에 몰두한 사람들은 감각적인 이미지들의 도움이 없이 내면의 중심에 들어가십시오. 그것이 그들에게 알맞은 방법입니다. 그렇지 못한 사람들은 자신의 특성에 따라서 영적 수련을 행하며 선하게 시간을 보내십시오. 모두가 눈이 되어 관상기도에 전념할 수는 없습니다.

각기 맡은 소명에 따라서 영적인 일을 행하십시오. 하나님이 원하시는 바에 따라서 깊은 사랑과 평화와 순결한 마음으로 행하십시오. 하나님의 뜻에 따라 하나님을 섬길 때 우리는 자신의 뜻에 따른 응답을 받을 것입니다. 그러나 만일 우리가 자신의 인간적인 뜻에 따라서 하나님을 섬긴다면, 하나님은 우리의 뜻이 아닌 하나님의 뜻으로 응답하실 것입니다.

이러한 자기부인에서 본질적인 평화, 덕행의 열매가 생겨납니다. 자기부인에서 비롯되지 않은 평화는 거짓 평화입니다. 우리는 적극적인 동시에 소극적으로 자기부인을 실천해야 합니다. 우리의 내면생활에서 떠오르는 평화는 누구도 빼앗아갈 수 없습니다. 잘난 체하는 사람들에게는 허영심이 따릅니다. 그들은 나름의 이론에 따라 모든 사람을 판단하려 합니다. 그들은 수십 년 동안 종교인으로 살아오면서도 자신이 할 일을 바로 알지 못하고 있습니다. 그들은 나보다 훨씬 더 뻔뻔스럽습니다. 나는 가르침의 소명을 받았습니다. 그런데 그들의 말을 들으면, 나는 과연 그들이 어떤 상태에 있고 어떻게 해서 그들 특유의 결론에 이르는지 의아해집니다. 그러나 나는 그들을 비판하지 않으며 하나님만 의지합니다. 만일 하나님의 응답을 받지 못하면, 나는 그들에게 "형제여, 스스로 하나님께 고하십시오. 하나님이 당신을 올바르게 판단해주실 것입니다"라고 말합니다. 그러나 일반적으로 우리는 모든 사람들에게 어떤 위치를 배정하고, 우리의 개인적인 견해에 따라서 그들을 판단하려 합니다.

하나님의 정원 안에서 자라야 할 아름다운 나무들을 벌레가 먹어치우기 시작합니다. 어떤 사람은 "이것은 전통적인 방법이 아닌 새로운 것으로서 이상한 풍미가 있다"라고 말하기도 합니다. 그들은 하나님의 방법이 자기들에게는 신비하고 감추어진 것임을 잊고 있습니다. 지금 자신만만한 사람들이 장차 심판 날에는 크게 놀랄 것입니다.

바울은 성령이 분별의 지식을 주신다고 가르쳤습니다. 어떤 사람에게 이 은사가 주어집니까? 영성생활에서 크게 진보한 사람, 영성생활이 존재 전체에 스며 있는 사람에게 주어집니다. 그들은 마귀의 공격, 뼈와 골수에까지 사무치도록 호된 공격과 유혹을 견뎌낸 사람들입니다. 이런 사람들이 분별의 지식을 은사로 소유합니다. 만일 그들이 이 은사를 사용하여 다른 사람들을 살펴본다면, 곧 그들 안에서 역사하고 있는 것이 하나님의 영인지, 어느 길이 그들을 성화로 이끌어줄 것인지, 그리고 무엇이 그들의 발전을 방해할 것인지 등을 알 수 있습니다.

안타깝게도 우리는 하찮은 것들 때문에 진리를 날조하고 있으며, 그 결과 거룩한 진리를 영원히 상실하게 됩니다. 우리가 이 세상에서 소홀히 하는 것이 장래에 우리의 것이 될 수 없습니다.

하나님, 우리로 하여금 성령께서 주신 부르심에 따라 일하게 해 주십시오. 아멘.

십자가를 찬양하라

이 설교는 우리가 십자가를 들어 올리면 주님이 우리를 주님에게로 이끌어 주신다고 가르친다. 또 우리의 소죄들이 우리의 무가치함을 이해하는 계기가 될 수 있다는 것, 그리고 우리가 두 가지 저급한 본성을 정복한 후에 숨겨진 거룩한 심연에 들어갈 수 있음을 가르친다.

"내가 땅에서 들리면 모든 사람을 내게로 이끌겠노라"(요 12:32).

오늘은 성 십자가 현양 축일입니다. 십자가에는 인간의 정신으로는 이해할 수 없는 영광과 존귀, 말로 표현할 수 없는 권위가 포함되어 있습니다. 우리는 십자가 안에서 우리를 위해 죽으신 주님을 봅니다. 이런 까닭에 수도회의 수사들은 규칙에 따라서 금식하며 십자가를 지기도 하는데, 이것은 감당할 수 있는 사람들에게는 건전하고 즐거운 일입니다.

어느 기독교인 황제가 이교도 왕에게서 거룩한 십자가를 탈환하여 예루살렘으로 가져오게 되었습니다. 그런데 그 황제는 십자가의 영광을 나타내려 하지 않고 자신의 영광을 나타내려고 예의와 권위를 갖추어 십자가를 운반했습니다. 그가 예루살렘에 도착했을 때 성문들이 닫혀 그의 길을 가로막았고, 천사가 그에게 이렇게 말했습니다: "당신은 위풍당당하게 말을 타고서 십자가를 운반하고 있습니다. 그러나 그 십자가에 달려 죽으신 분은 수치와 모욕을 당하면서 이 성에서 쫓겨나 어깨에 십자가를 메고 맨발로 걸어가셨습니다." 황제는 황급히 말에서 내려 웃옷을 벗고 어깨에 십자가를 졌습니다. 그제야 성문이 열려 그가 십자가를 지고 성 안에 들어갈 수 있었습니다. 그 때 병자들, 절름발이들, 눈 먼 사람들이 나음을 받는 기적들이 나타났습니다.

주님은 "내가 땅에서 들리면 모든 사람을 내게로 이끌겠노라"고 말씀하십니다. 이것은 모든 사람에게 하신 말씀입니다. 많은 사람들이 고난과 시련을 겪음으로써 십자가를 발견하는데, 그것이 주님이 그들을 주님 자신에게로 끌어당기시는 방법입니다. 그러나 고난당하는 데 그쳐서는 안 됩니다. 그것을 들어 올려 찬양해야 합니다. 우리 마음속을 조사해보면, 많은 고통스러운 사건들과 불행 속에서 하루에 20번 이상 십자가를 발견할 것입니다. 만일 그것들이 상징하는 바를 이해한다면, 우리는 정말 십자가에 달린 것입니다. 그러나 우리는 십자가를 지려 하지 않는데, 이것은 심각한 죄입니다. 우리는 표면적인 것이든지 내면적인 것이든지, 육체적인 것이든지 영적인 것이든지, 모든 무거운 짐을 선뜻 맡아서 지고 그것을 하나님께 들어 올리고 우리 자신의 것으로 만들어야 합니다. 그렇게 하면 우리는 만물을 자신에게로 이끄시는 하나님 안에 끌려들어갈 것입니다. 주님은 자신이 땅에서 들리면 우리를 자신에게로 이끌겠다고 말씀하셨습니다.

표면적으로 선하고 경건하게 행동하며 수도생활이라는 짐을 짊어짐으로써 십자가를 지고 가는 사람들을 만날 수 있습니다. 그들은 수도원에서 살면서 찬송하고 경건서적을 읽으며 성가대에서 찬양하지만, 표면적인 일에 몰두해 있기 때문에 정작 주님을 섬기는 일에는 열심을 내지 못합니다. 하나님이 우리를 노래하는 새로 창조하셨다고 생각하십니까? 우리는 그분의 사랑받는 신부요 약혼자들입니다. 그런데 우리는 표면적인 태도로 십자가를 운반할 뿐 십자가를 가까이 하려 하지 않으며, 가능하다면 피하려 합니다. 자원하여 십자가를 지지 않고 구레네 시몬처럼 마지못해서 짊어집니다. 마지못해서 십자가를 짊어져도 약간의 유익이 있습니다. 그렇게 함으로써 죄와 경솔한 행동을 막을 수 있고, 영원한 저주를 피할 수 있습니다.

주님은 "모든 사람을 내게로 이끌겠노라"고 말씀하셨습니다. 여러 가지 물건들을 끌어당기려면 먼저 그것들을 한곳에 모아야 합니다. 주님도 그와 동일하게 행하십니다. 주님은 우리를 변덕과 분심, 표면적인 일, 감각 사용, 여러 가지 기능들, 말, 행위 등으로부터 불러들이십니다. 또 내면의 선입견과 견해, 공상과 욕망, 기호와 지각작용, 의지와 사랑도 불러들이십니다. 이처럼 모든 것들을 한곳에 모으신 후에 우리를 하나님 자신에게로 끌어당기십니다. 그러기 위해서 먼저 우리가 모든 집착을 버려야 합니다. 이 과정은 무거운 십자가를 지는 일인데, 그 십자가의 무게는 우리의 집착의 분량에 비례합니다. 우리가 고귀하게 되어 하나님 안에 끌려 들어가려면, 비록 경건하고 거룩한 것처럼 보이는 것이라도 피조물에 대한 사랑과 기쁨을 버려야 합니다.

이것이 우리가 모든 것을 버리기 시작하는 첫 단계입니다. 이 단계에서 십자가를 지는 것은 표면적인 생활에만 영향을 미칩니다. 이 단계를 통과한 후에 같은 과정이 내면적으로 되풀이되어야 합니다. 그때 우리는 내면의 기쁨, 영적인 애착과 즐거움, 심지어 덕행의 결과로 오는 기쁨 등을 버려야 합니다. 학자들은 사람이 덕행을 하면서 기쁨을 누려야 하는지, 아니면 단지 유익하기 때문에 덕을 행해야 하는지에 대해 토론하곤 합니다. 기쁨은 오직 하나님을 위한 것입니다. 그렇다면 기쁨을 느끼지 못하면서 어떻게 덕을 실천할 수 있습니까? 우리는 덕을 실천할 때에 자기 자신을 완전히 잊어야 합니다.

기쁨과 만족이란 어떤 것입니까? 금식하고 기도하고 수도회의 규칙을 지키는 것입니까? 이런 것들을 행함으로써 자기 성취를 발견하는 것이 하나님의 뜻이라고 할 수 없습니다. 하나님이 낮과 밤을 똑같이 만들지 않으신 이유가 무엇입니까? 어제 신앙에 도움을 주었던 것이 오늘은 도움이 되지 못합니다. 오늘 우리의 마음이 많은 형상들로 가득하여 산만해져 있다면, 우리가 행하는 경건한 일들이 유익이 되지 못합니다.

하나님이 주시는 이 십자가를 받아 마음에 간직하십시오. 우리가 복종하고 감사하는 마음으로 그 십자가를 하나님께 드린다면, 그 십자가가 매우 달콤한 것이 될 것입니다. "내 영혼이 주를 찬양하며 만물 안에서 하나님의 위대하심을 찬미하리이다." 하나님이 주시든지 거두어 가시든지, 우리는 십자가에 달리신 인자人子를 찬양해야 합니다. 우리는 자신의 영혼 깊은 곳을 깨끗하게 했지만, 아직도 많은 일에 집착하며 하나님을 이성적으로 느끼고 맛보고 이해하려 합니다. 이런 것들을 버려야 합니다. 진정으로 자기를 부인하며 근신하고 스스로 은혜 받을 자격이 없는 인간이라고 생각하십시오. 감정적인 상태에서 십자가를 찾지 말고, 유혹과 시련 속에서 십자가를 찾으십시오. 항상 십자가를 짊어지고 가야 합니다.

"그리스도가 이런 고난을 받고 자기의 영광에 들어가야 할 것이 아니냐"(눅 24:26). 우리에게 빛이나 기쁨이 임할 때 그것에 지나치게 관심을 가져서는 안 됩니다. 그보다는 자신의 무가치함 속에 들어가서 그것을 의식하고 붙들어야 합니다. 주님은 "아무든지 나를 따라오려거든 자기를 부인하고 날마다 제 십자가를 지고 나를 따를 것이니라"(눅 9:23)고 말씀하셨습니다. 우리는 자제력을 잃지 말고 십자가를 지고 따라가야 합니다. 성 안드레는 십자가를 반기며 "거룩한 십자가를 환영합니다. 나는 진심으로 십자가를 갈망해왔습니다. 나를 이 세상에서 벗어나게 하시며 주님과 하나가 되게 해 주십시오"라고 말했습니다. 항상 이런 성향을 유지해야 합니다. 우리는 중단 없이 자신의 안팎을 찾아보아야 합니다. 자신의 죄와 허물을 계산해 보십시오. 하루에 일흔 번 넘어져도 다시 일어나서 하나님에게 가십시오.

자신의 죄를 신속히 제거하려면 서둘러 하나님께 달려가서 간절하게 요청하십시오. 그리하면 죄 사함을 받을 것입니다. 죄를 범하는 기질이 우리를 압도하지 못하게 하십시오. 하나님께서 그것을 허락하신 것은 우리를 해치기 위해서가 아니라 돕기 위해서입니다. 그것은 우리로 하여금 절망하지 않고 자신의 무가치함을 깨닫게 하며 겸손으로 인도하기 위한 것입니다. 죄 없이 이 세상에 태어난 사람은 없습니다. 그러므로 우리 자신에게 임하는 고난과 십자가를 기꺼이 져야 합니다. 바울은 "하나님을 사랑하는 자 곧 그의 뜻대로 부르심을 입은 자들에게는 모든 것이 합력하여 선을 이루느니라"(롬 8:28)고 말했는데, 주석가들은 여기에 다음과 같이 덧붙입니다: "잠잠하고 하나님께 피하십시오. 자신의 무가치함을 생각하고 자신의 내면에 머무십시오. 작은 허물이 있을 때마다 고해소로 가지는 마십시오."

마태는 전혀 준비가 없었지만 부름을 받은 즉시 예수님을 따라나섰습니다. 자신이 부족하다는 사실을 발견한다면, 그 십자가를 지나치게 중요하게 생각하지 마십시오. 우리가 부족한지 아닌지를 판단하는 일은 하나님께 맡긴 채 우리는 진심으로 회개해야 합니다. 그리스도 안에 있는 사람은 정죄 받지 않지만 고의로 피조물을 의지하는 사람은 정죄 받습니다. 십자가는 영과 진리로 하나님을 사랑하는 사람들에게 매우 유익한 일을 행합니다. 그러나 만일 우리가 피조물에 집착하며 죄 범할 기회를 찾는다면, 우리는 정죄 받을 것입니다. 드문 일이기는 하지만 혹시 하나님께서 회개할 기회를 주신다고 해도 우리는 죄 값을 치러야 합니다. 이러한 상태에서 성찬에 참여하여 그리스도의 몸을 받는 것은 "마치 연약한 어린아이를 더러운 똥물 속에 처넣는 것"과 같은 일이 될 것입니다. 우리를 사랑하셔서 자기를 버리셨던 살아 계신 하나님의 아들을 이렇게 취급하며 다시는 죄짓지 않겠다는 결심이 없이 회개한다면, 즉 참된 회개를 하지 않는다면, 누구도 우리의 죄를 용서해줄 수 없습니다. 우리가 이런 일을 할 때마다 주님의 몸을 더럽힌다는 점을 기억하십시오.

주님은 "아무든지 나를 따라오려거든 자기를 부인하고 날마다 제 십자가를 지고 나를 따를 것이니라"고 말씀하셨습니다. 이 자기부인을 진지하게 행하는 경건한 하나님의 형제들이 많습니다. 얼마나 철저하게 자기를 부인해야 하며 어떤 생활을 해야 하는지를 말하기는 어렵습니다. 값이 싼 물건이 그만큼 가치가 없듯이, 사람들은 심은 대로 거둡니다. 우리가 나누어 준대로 우리에게 돌아옵니다. 그러나 우리는 이 모든 것을 하나님께 맡겨야 합니다.

만일 우리가 계속 전처럼 행동하며 자기 마음에 드는 대로 표면적인 경건 훈련의 효과만 믿는다면, 이제까지 내가 말한 것이 전혀 유익을 주지 못합니다. 자신을 주님께 복종시키고 철저히 죽이십시오. 주님은 "나를 따르라"고 말씀하셨습니다. 좋은 항상 주인의 뒤를 따라가야 합니다. 종이 주인보다 앞서 가지 않으며, 자기의 뜻대로 행동하지 않고 주인의 뜻에 따라 행동합니다. 종들은 항상 힘과 뜻을 다하여 주인을 섬깁니다.

한 알의 밀이 썩어야 열매를 맺듯이, 우리도 자기의 의지를 죽여야 합니다. 우리 자신의 뜻을 하나님께 바치고 맡기며, 자신의 의지가 전혀 없는 것처럼 행해야 합니다.

어느 경건한 수녀가 성가대에서 찬양을 하면서 이렇게 기도했습니다: "주님, 지금 이 시간은 나와 주님의 시간입니다. 그러나 만일 내가 내면의 중심으로 들어간다면, 그것은 내 것이 아니라 주님의 것이 됩니다." 우리 자신을 하나님께 맡기려 한다면, 먼저 영적인 방법으로 자신에게 있는 이기심의 흔적까지 없애야 합니다. 어떤 의미에서 인간을 세 가지로 분류할 수 있습니다. 첫째는 감각에 따라서 생활하는 동물적인 사람이며, 둘째는 이성적인 사람이요, 셋째는 하나님의 형상을 지닌 고귀한 사람입니다. 이 가장 고귀한 단계에서 우리는 하나님을 의지하고, 신적 심연 앞에 엎드리며, 자신을 완전히 버리고 하나님 사랑의 포로가 되어야 합니다. 우리 자신의 저급한 본성들을 억제하고 초월해야 합니다. 성 베르나르는 이 주제에 대해서 이렇게 말했습니다: "우리가 애착하고 있는 사물들로부터 우리의 감각적인 부분들과 저급한 욕망을 거두어들이기 위해서 노력하는 것은 무척 무거운 십자가를 지는 일입니다. 그러나 그것을 표면적인 자아를 내면으로 끌어들이는 것, 보이는 세계로부터 보이지 않는 세계로 끌어들이는 것과 비교할 수 없습니다. 본질적으로 이 과정은 어거스틴이 말한 '혼의 숨겨진 심연'abditum mentis으로 이어집니다."

우리의 두 가지 저급한 본성들을 괴롭히는 사건들과 시련들을 하나님이 주시는 십자가로 여기십시오. 그것들이 우리가 하나님을 향하는 것을 방해하는 것처럼 보이지만, 그것들을 하나님이 주신 십자가로 여기십시오. 감각적인 것이거나 이성적인 것이거나 그것들을 모두 하나님께 맡기십시오. 기꺼이 그것들을 버리십시오.

우리는 힘을 다해 자신의 가장 고귀한 본성 속으로 올라가야 합니다. 이것은 아브라함이 모리아 산 밑에 나귀와 종을 남겨두고 이삭만 데리고 산에 올라간 것과 같은 일입니다. 우리도 나귀, 즉 동물적인 자아를 남겨두며 우리의 종, 즉 이성을 버려두고 떠나야 합니다. 그것들은 이미 맡은 임무를 다했으므로 남겨두고 떠나야 합니다. 그것들은 우리를 하나님에게로 올라가는 산기슭까지 데려다 주었으므로 그곳에 머물러 있어야 합니다. 우리는 그것들을 그곳에 남겨두며, 아들, 즉 마음과 정신을 가지고 희생 제사를 드리러 은밀한 곳, 가장 거룩한 곳을 향해 올라가기 시작해야 합니다. 우리 자신을 완전히 하나님께 드리고 우리 영의 은밀한 중심으로 들어가서 숨어야 합니다.

어거스틴은 우리 내면의 중심을 하나님의 은밀한 심연이라고 했습니다. 피조된 영은 이 은밀한 곳에서 자신이 영원 전부터 거했던 피조되지 않은 상태로 다시 태어납니다. 그곳에서 그는 하나님 안에서 자신을 알고, 신적인 수준으로 올라가며, 피조물 됨 속에서 자신이 피조물임을 알게 됩니다. 그러나 하나님 안에서 이 중심에 참여하는 것은 모두 하나님입니다. 프로클루스는 "이 속에 들어온 사람은 가난이나 질병 등 어떤 고난이 닥쳐도 알지 못합니다"라고 말했습니다.

선지자는 "주는 나의 은신처이오니 환난에서 나를 보호하시고"라고 말했습니다. 이런 상태에 이른 영혼들은 "내가 아버지 안에, 너희가 내 안에, 내가 너희 안에 있다"라고 하신 말씀대로 주님을 따라갑니다.

주님이 모든 사람들을 자신에게로 이끌어 가시려는 방법에 따라서 우리가 주님에게 이끌려 가기를 기원합니다. 우리 모두를 위해 십자가를 지신 주께서 우리보다 앞서 가신 곳, 참된 내면의 중심 속으로 우리가 십자가를 지고 들어가기를 기원합니다.

하나님, 이것을 허락해 주십시오. 아멘.

너희 사랑을 풍성하게 하라

이 설교에서 타울러는 사랑의 풍성한 수확에 대해 언급하면서 이웃의 허물을 덮어주고 우리 자신과 모든 소원을 하나님의 뜻에 맡기라고 가르친다.

"내가 기도하노라 너희 사랑을 지식과 모든 총명으로 점점 더 풍성하게 하사"(빌 1:9).

사도 바울은 "내가 기도하노라 너희 사랑을 지식과 모든 총명으로 점점 더 풍성하게 하사"라고 말합니다. 보다 구체적으로 "내가 예수 그리스도의 심장으로 너희 무리를 얼마나 사모하는지 하나님이 내 증인이시니라 내가 기도하노라 너희 사랑을 지식과 모든 총명으로 점점 더 풍성하게 하사 너희로 지극히 선한 것을 분별하며 또 진실하여 허물 없이 그리스도의 날까지 이르고 예수 그리스도로 말미암아 의의 열매가 가득하여 하나님의 영광과 찬송이 되기를 원하노라"고 말합니다(빌 1:8-11). 바울은 자기가 빌립보 사람들을 사모하고 있음을 하나님이 증언하신다고 말합니다. 만일 우리에게 사랑이 있다면, 우리는 하나님의 친구들의 기본적인 요구에 깊이 감동을 받을 것입니다. 다른 이유가 없어도 이것만으로 그들의 소원을 들어줄 충분한 이유가 됩니다. 바울은 "너희 사랑이 점점 더 풍성하게" 되기를 바란다고 말했습니다. 그는 우리의 불완전한 사랑이 완전한 사랑으로 성장하기를 기도합니다.

인간이 언급할 수 있는 것 중에서 가장 고귀하고 귀중한 것이 사랑입니다. 이것보다 더 유익한 것은 없을 것입니다. 하나님이 우리에게 요구하시는 것은 많은 학식이나 고매한 사상이 아니며, 많은 표면적인 경건 행위도 아닙니다. 사랑이 있으면 그러한 일들을 할 수 있습니다. 그러므로 하나님은 오로지 사랑만 요구하십니다. 이는 바울이 말한 것처럼 사랑이 "온전하게 매는 띠"이기 때문입니다. 유대인들과 이교도들도 정신적으로는 탁월한 재능을 발휘합니다. 의인뿐만 아니라 불의한 사람도 선을 행합니다. 그러나 사랑만이 선인과 악인을 구별해 줍니다. 하나님은 사랑이시며, 사랑 안에 거하는 자는 하나님 안에 거하기 때문입니다. 이것이 참 사랑을 알아야 하는 이유입니다. 어거스틴은 이것을 염두에 두고 "하나님이 먼저 우리를 무한히 사랑하셨으므로 우리도 하나님을 사랑해야 한다"라고 말했습니다. 이렇게 행할 때 우리의 사랑은 조금도 낭비되거나 감소되지 않으며, 오히려 더욱 살찌고 증가합니다. 왜냐하면 사랑이 사랑을 불러일으키기 때문입니다. 크게 사랑하면, 더욱더 사랑할 수 있게 됩니다.

사랑은 내면적 사랑과 표면적 사랑으로 표현됩니다. 표면적인 사랑은 이웃을 향한 사랑이고 내면적인 사랑은 하나님을 향한 사랑입니다. 사랑을 올바르게 행하려면 사랑을 아는 지식이 있어야 합니다. 바울은 "지식과 모든 총명으로" 사랑하라고 말했습니다. 사랑이 흘러 넘쳐야 합니다. 성령의 세 번째 은사인 지식이 사랑에 선행합니다. 이것은 귀부인을 섬기는 하녀가 그 부인 앞에서 가는 것과 같습니다.

우리 안에 참되고 거룩한 사랑이 있는지 없는지는 우리가 이웃에게 행하는 사랑을 보면 알 수 있습니다. 그러므로 요한일서 4장 20절에서는 "보는 바 그 형제를 사랑하지 아니하는 자는 보지 못하는 바 하나님을 사랑할 수 없느니라"고 말합니다. 모든 하나님의 계명과 권고의 근원은 "하나님과 네 이웃을 네 자신과 같이 사랑하라"입니다. 사도 시대의 신자들이 행했던 것처럼 우리도 마음과 정성을 같이하여 이웃과 함께 기뻐하고 함께 고난 받아야 합니다. 사도 시대의 신자들은 "모든 물건을 서로 통용" 했습니다. 생활 환경 때문에 이것을 실천할 수 없다면, 참되고 순수한 목적과 사랑에 기초를 둔 내면의 성품으로 그것을 표현해야 합니다. 이웃에게 베풀어줄 것이 없으면 선하고 관대한 말로 표현하십시오. 선하고 정직한 마음에서 우러나는 말을 하십시오.

많은 결점 때문에 고통을 받는 사람들을 사랑으로 포용할 수 있어야 합니다. 그들의 잘못을 온유하게 사랑으로 참아내야 합니다. 그들이 우리에게 악의를 품어도 그들을 비판하지 말고 인내하십시오. 때때로 그들이 악의가 있어서 나쁜 행동을 하는 것이 아니라 생각이 편협하고 나태하기 때문에, 또는 그레고리가 말한 것처럼 하나님이 그들 자신의 허물을 깨닫게 하기 위해서 그들을 비천하게 하셨기 때문에 좋지 않은 행동을 하는 경우도 있습니다. 종종 악한 습관 때문이 아닌 표면적인 환경 때문에 죄지은 사람들이 급선회하여 자신을 정죄하고 자기의 죄를 인정하기도 합니다. 이런 사람들은 고집스럽게 자기의 잘못을 인정하지 않는 사람들과는 다릅니다. 이런 사람들에게 관용을 발휘하는 것이 우리의 사랑을 시험하는 일이라고 생각하십시오. 만일 우리가 성급하게 그들을 비판한다면, 우리 안에 있는 거룩한 사랑이 식고 감소할 것입니다.

이처럼 급선회할 수 있는 사람은 사랑받을 만한 사람입니다. 임종할 때 이렇게 급선회하여 하나님의 거룩한 뜻 안에 잠기는 사람은 살아 있는 동안 많은 죄를 지었어도 전혀 방해를 받지 않고 하나님에게 갈 것입니다. 그러나 이것은 하나님만이 주실 수 있는 은혜입니다. 이런 상태에서 임종하는 것은 선하고 거룩한 일이며, 이런 상태에서 생활하는 것은 고귀하고 유익한 일입니다. 이런 영혼들은 끊임없이 큰 수확을 거둬들입니다. 사랑은 사랑받는 자 안에 잠기게 됩니다.

그럼에도 불구하고 죄는 여전히 사랑의 원수입니다. 무섭고 심각한 유혹이 온갖 구실로 우리를 공격합니다. 어떤 수단을 사용해서라도 죄의 침입과 유혹을 막아야 합니다. 그러나 그것을 극복하기 위해서 정화淨化의 고통을 겪어야 하는 것은 아닙니다. 그것이 무척 무거운 멍에이지만 기꺼이 받아들여야 합니다. 만일 우리가 심판 날까지 이 고통을 당하는 것이 하나님의 뜻이라면, 하나님께 영광과 찬양을 드리며 그것을 견뎌내야 합니다. 또 만일 하나님이 이처럼 어렵게 얻은 상을 이교도나 유대인, 혹은 우리가 전혀 본 적이 없는 먼 곳에 있는 사람들에게 주시기를 원하신다면, 우리는 하나님의 뜻에 따라 진심으로 그들의 복을 빌어야 합니다.

그밖에도 사랑은 많은 원수들을 만나게 됩니다. 그것은 사랑의 하나님을 음미하고 그분 안에서 기뻐하기를 원합니다. 그러나 이 기쁨이 성취되는 순간 하나님이 그것을 거두어 원수에게 주려 하신다면 우리는 시기하지 말고 선한 마음으로 기꺼이 그것을 그에게 주어야 합니다.

어느 거룩한 사람은 이웃이 복 받기를 자신이 복 받는 것보다 더 간절히 원한다고 말했습니다. 이것이 참 사랑입니다. 사랑의 대상은 무척 다양합니다. 때로는 가난까지도 사모합니다. 삶 전체를 사랑에 위탁하는 것이 선한 생활입니다. 자기를 부인하고, 모든 애착을 버리고 겸손하며, 마음을 단순하게 하십시오. 그러나 사랑에 관한 한 사랑을 더욱 잘 알기 위해 애써야 합니다. 그렇게 하면 가장 선한 방법으로 그것을 소유할 수 있습니다.

항상 올바르게 사랑을 실천하십시오. 왜냐하면 원수가 와서 밭에 가라지 씨를 뿌려 곡식의 성장을 방해하기 때문입니다. 우리가 세상에서 신앙생활을 할 때 반드시 피해야 할 사람, 우리와 달리 행동하는 사람들이 있습니다. 하나님의 친구들은 세상의 친구들과 다르게 행동해야 합니다. 이것은 이웃을 멀리 하라는 말이 아닙니다.

사도 바울이 말한 바 우리 안에서 풍성하게 자라가야 할 이 사랑은 우리의 저급한 능력 안에도 흔적을 남깁니다. 인간의 본성이 이 사랑에서 영적 감미, 귀하고 맛좋은 포도주를 얻어냅니다. 주님이 세상에 계실 때 제자들이 이 사랑에 동참했습니다. 그러나 주님은 그들에게 "내가 떠나가는 것이 너희에게 유익이라"고 말씀하셨습니다(이것은 주님의 육체적인 현존을 언급한 것입니다). 제자들이 영적으로 주님을 받기 위해서 주님이 육체적으로 그들을 떠나셔야 했습니다.

또 다른 사랑, 앞에서 언급한 사랑과 비교하면 하늘과 땅만큼의 차이가 있는 고귀한 사랑이 있습니다. 주님이 승천하신 후에 사도들이 이 사랑을 경험했습니다. 이 사랑을 얻을 수 있는 사람은 매우 높은 단계에 도달한 사람입니다. 이 단계에 이르면 자아를 초월하게 되고, 충만함 대신에 공허함이 존재합니다. 이 사랑은 모든 형식과 방법을 초월하는 사랑이기 때문에, 이제 지식이 아닌 무지non-knowledge가 우세하게 됩니다.

이 사랑이 불쌍한 우리의 본성을 얼마나 아프게 하는지 모릅니다. 우리의 본성은 마치 어머니의 품을 빼앗긴 어린아이처럼 몸부림칩니다. 이 새로운 사랑이 우리 본성의 능력과 효험을 능가하기 때문에 성난 본성은 어찌할 바를 모릅니다. 우리의 본성은 자아를 완전히 빼앗기게 되며, 자아는 그것에 관심을 두지 않습니다. 그것은 생각이나 욕망을 숨겨둘 수 없습니다. 우리의 본성은 자신의 무지 안에서 그 가난에 집착하기 때문에 그 가난조차도 하나님께 드리지 못합니다. 우리는 자신의 자아에 대해서 죽고, 첫 단계의 사랑에서 소유했던 감각적인 형상들에 대해서도 죽어야 합니다. 그렇게 하면 하나님이 하나님 자신을 사랑하시며 자신의 사랑이 되시는 영역에 들어갈 수 있습니다. 이렇게 자신을 벗어버림으로써 우리는 하나님의 신성神性을 옷 입고 하나님의 형상으로 개조됩니다. 이것이 디오니시우스Dionysius가 말한 감추어진 어둠입니다.

이제 불쌍한 우리의 본성은 아무런 도움이나 위로를 받지 못한 상태에서 내면적으로나 표면적으로 유혹을 받으며 또 다른 길을 걸어갑니다. 그가 이제까지 날마다 받아온 그리스도의 몸도 하나님의 명령에 따라 제거됩니다. 그는 자신을 초월하는 길에 들어서는데, 그곳에서 영혼은 하나님의 영 안에서 신적 본질의 은밀한 침묵 속에 휴식을 취합니다. 이곳에서는 빛이 어둠을 밝혀줍니다. 이 단순한 본질이 본질적으로 저절로 이해됩니다. 이곳에서는 하나님에 대한 모든 구분들이 통합됩니다.

이것이 사도 바울이 말한 예수 그리스도의 날입니다. 이것은 그리스도의 고난과 죽음의 열매를 받는 날입니다. 그것은 영광된 구속의 날입니다. 이전에 주님의 고난과 죽음을 그리스도 안에서 순수하게 경험하지 못했던 것은 아니지만, 이제 우리는 우리 안에서 전에 경험했던 것과는 전혀 다른 고귀하고 신비한 방법으로 그것들을 보게 되며, 감각적인 형상들이 없이 고귀한 방법으로 그것들을 받아들입니다.

이것을 비유로 설명해 보겠습니다. 주님은 돌아가시기 전에 막달라 마리아가 자신의 발에 향유를 붓고 머리털로 씻는 것을 허락하셨습니다. 그러나 부활하여 불멸의 상태에 들어가신 후에는 그녀에게 "나를 만지지 말라 내가 아직 아버지께 올라가지 못하였느니라"고 말씀하셨습니다. 제1 단계인 하급 단계에 있을 때에는 그녀가 육체적인 방법으로 주님의 발에 향유를 붓고 씻는 것을 허락하셨지만, 높은 단계에 이르렀을 때에는 영적인 방법으로만 허락하셨습니다. 이는 주님이 하나님 안에 존재하시기 때문입니다. 이 때 성자는 성부로부터 받은 사랑을 돌려드리며, 두 분이 함께 성령을 호흡하여 내시는 영광스러운 장면이 발생합니다. 이것이 예수 그리스도를 통해서 참된 사랑이 탄생하는 날입니다. 어느 형제는 이것을 이렇게 표현했습니다: "예수 그리스도의 빛이 우주에 있는 어떤 천체보다 더 밝게 우리 영을 비추어 주십니다." 이 사랑의 단계에 이르면 매일, 매 시간, 매 분 사랑이 무한히 증가합니다. 이 사랑의 생활을 진지하게 묵상하며 스스로를 되돌아봅시다. 이것이 하나님의 참 친구들이 갈망해야 하는 사랑입니다. 이런 까닭에 바울은 우리의 사랑이 점점 풍성해지기를 기도했습니다.

참 사랑이신 하나님, 우리로 하여금 그 사랑을 충만히 경험하게 해 주십시오. 아멘.